Lektürehilfen
Ingeborg Drewitz
„Gestern war Heute"

von Wolfgang Pasche

Ernst Klett Verlag

Stuttgart   Düsseldorf   Leipzig

In der Klett-Reihe Editionen für den Literaturunterricht ist erschienen:
Ingeborg Drewitz, Gestern war Heute. Texte und Materialien.
Materialien ausgewählt und eingeleitet von Gisela Ullrich.
Stuttgart 1983
Klettbuch 3537

(Alle Seitenangaben zum Text beziehen sich auf diese Ausgabe)

Gedruckt auf Papier, welches aus Altpapier hergestellt wurde.

Die Deutsche Bibliothek – CIP-Einheitsaufnahme

Ein Titeldatensatz für diese Publikation ist bei der Deutschen Bibliothek erhältlich

4. Auflage 2000
Dieses Werk folgt der reformierten Rechtschreibung und Zeichensetzung.
Ausnahmen bilden Texte, bei denen künstlerische, philologische oder lizenzrechtliche Gründe einer Änderung entgegenstehen.
Umschlagabbildung: Isolde Ohlbaum
© Ernst Klett Verlag GmbH, Stuttgart 1998
Internetadresse: http://www.klett-verlag.de/klett-lerntraining
E-Mail: klett-kundenservice@klett-mail.de
Satz: Hahn Medien GmbH, Kornwestheim
Druck: Wilhelm Röck, Weinsberg
Einbandgestaltung: Bayerl & Ost, Frankfurt/M.
ISBN 3-12-922359-2

Inhalt

1. Zur Einführung

„Es gibt ein Bild von Klee, das Angelus Novus heißt. Ein Engel ist darauf dargestellt, der aussieht, als wäre er im Begriff, sich von etwas zu entfernen, worauf er starrt. Seine Augen sind aufgerissen, sein Mund steht offen und seine Flügel sind ausgespannt. Der Engel der Geschichte muß so aussehen. Er hat das Antlitz der Vergangenheit zugewendet. Wo eine Kette von Begebenheiten vor uns erscheint, da sieht er eine einzige Katastrophe, die unablässig Trümmer auf Trümmer häuft und sie ihm vor die Füße schleudert. Er möchte wohl verweilen, die Toten wecken und das Zerschlagene zusammenfügen. Aber ein Sturm weht vom Paradiese her, der sich in seinen Flügeln verfangen hat und so stark ist, daß der Engel sie nicht mehr schließen kann. Dieser Sturm treibt ihn unaufhaltsam in die Zukunft, der er den Rücken kehrt, während der Trümmerhaufen vor ihm zum Himmel wächst. Das, was wir den Fortschritt nennen, ist dieser Sturm." (Walter Benjamin: „Über den Begriff der Geschichte", in: Gesammelte Schriften Bd. I.2, Frankfurt/M. 1974, S. 697f.)

In der neunten seiner geschichtsphilosophischen Thesen gibt Walter Benjamin am Beispiel von Paul Klees Gemälde eine materialistische Deutung des Geschichtsbegriffs: „der Engel der Geschichte" kündigt die Zukunft an, aber sein Gesicht ist der Vergangenheit zugewandt. Entsetzt blickt er auf die Opfer zurück, deren Schicksal er als „eine einzige Katastrophe" erkennt. Der Sturmwind, der vom Paradies her weht, in profaner Sprache der „Fortschritt", hindert ihn daran die „Trümmer" der Vergangenheit zu sammeln und zu rekonstruieren. Er muss sie als „Katastrophe" zur Kenntnis nehmen, um den Schock in die Jetztzeit zu transportieren und die Zukunft zu gestalten.

„Der Engel der Geschichte"

5

**Blick auf
die Opfer**

In ähnlichen Bahnen bewegt sich die Prosa von Ingeborg Drewitz. Was sie mit Benjamin verbindet, ist der unprätentiöse Blick auf die Opfer – entsetzt, weil sie als Autorin nicht von sicherem Abstand aus berichten kann, sondern in ihren Erfahrungen die eigenen wiedererkennt. Mit präzisem Blick beschreibt sie den banalen Alltag von Kleinbürgern – keine vergoldete Familiensaga, vielmehr die bittere Erkenntnis, dass ihre Art, mit den Widersprüchen und Konflikten der Vergangenheit umzugehen, geradewegs zu den Problemen der Gegenwart führt. „Gestern" und „Heute" werden so zu einem Gewebe von vielfältigen Verweisen und Bezügen verknüpft.

**Eine
kleinbürgerliche
Welt**

In diesem Roman erzählt die Autorin die Geschichte einer Berliner Familie von Kleinbürgern, die am Rande des Proletariats lebt, stets in der Gefahr abzustürzen. Sie wird im Wesentlichen von Frauen bestimmt, in deren Zentrum die Journalistin Gabriele M. steht. Ihr Leben wird von der Geburt im Jahre 1923 – dem Geburtsjahr der Autorin – bis zum Jahr 1978 verfolgt, 55 Jahre also, die bis in die unmittelbare Gegenwart der Romanveröffentlichung hineinreichen.

**Aus der Sicht der
siebziger Jahre**

Es ist der Roman einer Stadt, einer gesellschaftlichen Schicht, ein zeitgeschichtlicher Roman, zugleich – mit weitgehend autobiographischen Zügen – der Entwicklungsroman einer Frau. Er enthält damit alle wesentlichen Ingredienzien, die in der bundesdeutschen Literatur der siebziger Jahre populär sind. Aber die Autorin erschwert die Lektüre – es braucht Zeit, sich in den Roman hineinzulesen. Das hängt mit seiner Sprache und Erzählhaltung zusammen: Sätze ohne Prädikat und Subjekt, Personen, die nur in ihrer verwandtschaftlichen Funktion genannt werden, keinen Namen haben, ein ständiger Wechsel der Perspektive, des Erzählerblickwinkels in den ersten Kapiteln … Der Roman verlangt eine Genauigkeit der Lektüre, die den komplexen Beziehungen in dieser kleinen Welt entspricht.

Zwiespältig geht die Literaturkritik mit dem Romans um: die Verarbeitung des Stoffes, die Personencharakterisierung und der Erzählstil werden heftig in Frage gestellt, während begeisterte Rezensionen auf die Bedeutung von politischen Machtverhältnissen für die privaten und selbst die intimen Momente, die Ehrlichkeit und Schonungslosigkeit der Autorin verweisen.

Die Entwicklung auf dem Buchmarkt hat die Werke von Ingeborg Drewitz in den neunziger Jahren an den Rand gedrängt. Der größte Teil ihrer Prosa ist vergriffen, Sekundärliteratur steht allenfalls noch in den öffentlichen Bibliotheken. Die Autorin teilt damit das Schicksal einer materialistischen Geschichtsauffassung, die in Misskredit geraten ist, seit die politischen und ökonomischen Verhältnisse den „real existierenden Sozialismus" überrollt haben. Auf der gesellschaftlichen Verantwortung des Individuums zu bestehen, zu betonen, dass Geschichtsschreibung keine Feier der Sieger und der Verzicht auf die Perspektive der Opfer ein Verlust ist, wie Ingeborg Drewitz dies in ihrem Leben wie in ihren Werken stets getan hat, ist zur Zeit nicht en vogue. Gerade dies macht den besonderen Wert des Romans aus.

In Vergessenheit geraten

2. Der Handlungsverlauf

Kapitel I: Geburt. 1923

Milieu-
schilderung

1. Das erste Kapitel liefert die Tiefenschärfe: multiperspektivisch angelegt, gestaltet es den historischen und gesellschaftlichen Horizont der Familie, in die Gabriele 1923 hineingeboren wird. Es ist ein kleinbürgerliches Milieu, dessen Alltag Ingeborg Drewitz mit allen Ängsten und Hoffnungen dieser Schicht im letzten Viertel des 19. und ersten Viertel des 20. Jahrhunderts schildert. Nichts ist zu spüren von einer romantischen Idealisierung der Großfamilie – ganz im Gegenteil: wie sehr die beengten räumlichen Verhältnisse offene wie versteckte Aggressionen freisetzen, lassen die Berichte der vier Generationen nur allzu deutlich erkennen.

Traditionelle
Frauenrollen

Das Kapitel setzt ein mit der ältesten Generation in der Familie, der Urgroßmutter. Während im Nebenzimmer ihre Enkelin in den Wehen liegt, denkt sie an deren Geburt zurück. In den Erinnerungen, die während des Wartens auf die Ankunft ihres Urenkelkindes durch ihren Kopf gehen, stellt Drewitz ein Stück „weiblicher Geschichte" dar. Die gesellschaftliche Bedeutung der Geburt zu Hause wurde in der Feierlichkeit zum Ausdruck gebracht, mit der dieses Ereignis zu ihrer Zeit begangen wurde. Eine festliche Erwartung begleitete die Vorbereitungen der Geburtshelferinnen; die Mütter halfen den gebärenden Töchtern, gaben Ratschläge und Hinweise, während die Männer ausgeschlossen waren. Eine Geburt war einer der wenigen Momente, der die Frau ins Zentrum des Geschehens rückte. Die Urgroßmutter, die kaum mehr Anteil am täglichen Geschehen nimmt, hat sich daher an diesem Tag feierlich in eine seidene Schürze gekleidet, um die Ankunft des Kindes abzuwarten.

Sie kennt den geringen Wert, der ihr von den

8

anderen Familienmitgliedern zugebilligt wird: ohne Anerkennung zu erfahren, hat sie stets für andere gelebt. Sie ist nie einer eigenen Lohnarbeit nachgegangen, war wichtig nur als Hausfrau und Mutter zweier Kinder. Deshalb träumt sie sich jetzt auch in die Vorstellung hinein, sie könne in Flammen aufgehen und damit wichtiger werden als die Geburt selbst. Der Gedanke stärkt ihr Selbstbewusstsein, denn dann erst käme sie zur Geltung, ihr Erbe nämlich wäre gefragt.

2. Die Perspektive wechselt zur nächsten Generation, dem Schwiegersohn der Urgroßmutter. Er ist der Großvater des Kindes, das im Nebenzimmer zur Welt kommen soll. In dieser Situation, die ihn zur Passivität zwingt, lässt er Erinnerungen an seine eigene Kindheit und Jugend Revue passieren. Er erinnert sich an die proletarischen Verhältnisse in Schlesien und die Flucht nach Berlin im Jahr 1878. Mit wenigen Worten wird der Anlass dafür geschildert: „Da hat jemand den Kaiser umbringen wollen. Nobiling, merk dir den Namen! Oder besser nicht! Vielleicht müssen wir fort." (S. 8) Gustavs Mutter spielt damit auf das Attentat an, das Karl Nobiling am 2. Juni 1878 auf den deutschen Kaiser verübt hat. Obwohl keine Verbindungen zur Sozialdemokratie bestanden haben, wird sein Attentat der Sozialdemokratischen Partei in die Schuhe geschoben. In der Folge beginnt eine gnadenlose Sozialistenhatz. So werden vom 2. Juni bis zum 2. August 1878 563 Personen wegen Majestätsbeleidigung denunziert und nur 42 davon freigesprochen. Die anderen 521 erhalten zusammen 812 Jahre Gefängnis. Der Reichstag, der zunächst ein Ausnahmegesetz gegen die Sozialdemokraten ablehnt, wird aufgelöst; nach den Neuwahlen veranlasst Bismarck das Parlament zur Annahme des „Gesetzes gegen die gemeingefährlichen Bestrebungen der Sozialdemokratie". Es gilt vom 21. 10. 1878 bis zum 30. 9. 1890. Alle sozialdemokratischen Organisationen werden verboten; Mitglieder der Partei können nach

Vorgeschichte: Sozialistengesetz 1878

Proklamation des sogenannten kleinen Belagerungszustandes aus den Städten ausgewiesen werden. Wenige Tage nach dem Inkrafttreten des Gesetzes gibt es kaum noch sozialdemokratische Vereine, freie Gewerkschaften, sozialdemokratische Zeitungen oder Flugschriften.

Flucht nach Berlin
Der damals Zehnjährige erlebt die Flucht in die Reichshauptstadt, die ärmlichen Zustände in den Arbeitervierteln und die Diskriminierung der Kinder in den Schulen. Er stammt aus proletarisierten Verhältnissen – der Vater ist Schmied und kann die achtköpfige Familie nur kümmerlich ernähren, so dass seine Frau als Wäscherin dazu verdienen muss – und ist bemüht, nach dem Ersten Weltkrieg der Enge der Familienverhältnisse zu entkommen. Das gelingt auch; er steigt zum Buchhalter auf – die Mutter ist „stolz, daß er jeden Morgen eine halbe Stunde später als der Vater zur Arbeit gehen mußte, daß er was Besseres geworden war" (S. 8) – und entfernt sich damit zugleich von der sozialen und politischen Welt seines Vaters.

Mühsamer Aufstieg
Der Aufstieg in ein kleinbürgerliches Milieu wird durch die Hochzeit mit Alice, der Tochter eines Werkmeisters unterstrichen. Aber er will für seine eigene Tochter mehr erreichen. Wie die Töchter „besserer Familien" soll auch Susanne auf einem eigenen Piano spielen können, um so die nächste Stufe auf der sozialen Erfolgsleiter zu erklimmen: den Aufstieg ins Großbürgertum durch eine Karriere als Pianistin oder durch eine entsprechende Heirat. Abgesichert wird dieser Plan durch eine gute Schulbildung, für die er das Schulgeld aufzubringen hat.

Er setzt sein Vorhaben durch, spart sich das Geld für ein Klavier und den Unterricht vom Mund ab – und Susanne hat tatsächlich Erfolg. Sie wird im Konservatorium angenommen und erreicht damit ein Ziel, das für die meisten „höheren Tochter" aus Mangel an Begabung unerreichbar bleibt. Durchkreuzt wird sein Wunschtraum allerdings durch die Heirat mit einem Konstrukteur und vor allem, das erkennt der Vater deutlich, durch die Geburt: „die Nacht wird noch lang, weil Susanne nicht vorbereitet ist auf eine Geburt, weil sie sich vorbereitet hat auf den Erfolg, den Ruhm, so hat er immer gedacht." (S. 11)

3. Lieschen – oder Alice – führt ein Leben, das dem ihrer Mutter gleicht. Sie ist zuständig für die Geburtsvorbereitung; ihre Funktion sieht sie darin, Mutter und Hausfrau zu sein: „Einkaufen, kochen, waschen, putzen, nähen, flicken, stricken, sorgen, sorgen. Ist das alles? UND WARUM EIGENTLICH NICHT?" (S. 13) Die in Großbuchstaben hervorgehobene Antwort betont ihre positive Sicht einer durch und durch traditionellen Frauenrolle – lediglich die unkommentierte Aufzählung der Alltagstätigkeiten kann darauf hindeuten, dass eine geglückte, befriedigende Existenz darin wohl kaum aufgehen kann.

Die Großmutter: Alice

Susanne ist – nach den Erfahrungen eines kinderreichen Elends in der Familie von Gustav – ihr einziges Kind. Sie trägt damit alle Hoffnungen auf eine bessere Zukunft. Aber auch die angestrebte großbürgerliche Existenz ist in der Nachkriegszeit gefährdet. Das erfährt Lieschen, als sie bei einer Auktion den „Betthimmel", ein Charakteristikum großbürgerlicher (und eigentlich Relikt pseudo-adliger) Herkunft ersteigert. Selbst in den angestrebten Verhältnissen lauert die Gefahr ökonomischer oder sozialer Verarmung. Sie sieht den Niedergang in Zeiten des gesellschaftlichen Umbruchs und schämt sich, „von dem Unglück der fremden Familie profitieren" zu wollen (S. 14).

4. Susannes Mann ist von Beruf Konstrukteur. Er kommt aus proletarisch-kleinbürgerlichen Verhältnissen wie sein Schwiegervater, mit dem ihn aber sonst nichts verbindet. In den Geburtsstunden sind beide Männer zur Untätigkeit verurteilt, ohne sich dadurch näher zu kommen; sie haben sich nichts zu sagen. Das Zusammenleben in der engen Wohnung macht die Beziehungen noch unerträglicher, daher sind auch seine Empfindungen dem Kind

Der Vater

gegenüber ambivalent: er freut sich auf die künftigen gemeinsamen Spaziergänge im Wald – der Gedanke daran lässt aber zugleich Assoziationen an die Zerstörungen der Natur und das Sterben während des Weltkriegs erwachen – und hat gleichzeitig Angst vor den beengten Verhältnissen, die sich durch das Kind noch verschärfen werden. Dennoch: sein Zurückhasten bei dem Gedanken, das Kind könne schon auf der Welt sein, lässt die gespannte Erwartung deutlich werden.

Die Mutter: Susanne

5. Susanne liegt in den letzten Geburtswehen. Ihre Sorgen, Ängste, Erwartungen und Schmerzen werden eindrücklich geschildert. Sie wünscht sich einen Jungen, der aktiv in das Leben eingreifen kann und nicht wie die Frauen in ihrer eigenen Familie zur Passivität verurteilt ist: „Erobern, nicht erobert werden." (S. 20)

Verzicht auf die künstlerische Karriere

Mit der Geburt beginnt eine neue Phase ihres Lebens, die den Traum von der Karriere als Künstlerin beendet. Sekunden vor der Geburt Gabrieles spielt sie in Gedanken Chopins Polonaisen. Die Vollkommenheit ihres Vortrags – „Das Thema umspielen, aufgreifen, verändern, das ist die Erfüllung, das Glück." (S. 21) – mündet jedoch nicht in das Entstehen des Kunstwerks, sondern die Geburt ihrer Tochter. Damit endet für Susanne die künstlerische Laufbahn. Sie übernimmt die Rolle ihrer Mutter und wird wie sie nur noch für andere da sein.

Fortsetzung des „Menschenreigens"

Kurz nachdem Gabriele auf die Welt gekommen ist, denkt Susanne an die Erzählung ihres Onkels Paul. Er hat ihr, als sie noch Schülerin war, von den Bittstellern vor dem Winterpalais in St. Petersburg berichtet. Die Menschenmenge wird brutal von den Soldaten des Zaren zusammengeschossen. Trotz dieser Niederlage bleibt für ihn der Aufmarsch als Symbol für die Suche nach Gerechtigkeit, Gleichheit und Frieden bestehen: „Über tausend sind auf dem Platz geblieben, aber wie sie gesungen haben, das war wie ein großer Reigen, ein Menschenreigen!" (S. 24) Das Bild hat sich ihr ein-

geprägt und erhält nun erst für sie seinen ei-
gentlichen Sinn, als sie im Begriff steht, diesen
„Menschenreigen" fortzusetzen.
Mit der Geburt schließt sie sich aber nicht nur
dem Traum ihres Onkels von menschlicher
Solidarität und der Einlösung der Menschenrechte an. Die Genauigkeit, mit der Ingeborg
Drewitz den Geburtsvorgang beschreibt, deutet an, dass sie die Rolle der Frau als Gebärerin
und Mutter bejaht. Die Autorin weist mit diesem Thema auf die besondere Fähigkeit von
Frauen und gleichzeitig ihr großes Dilemma
hin. Es ist auch der Augenblick ihrer Selbst-
aufgabe, der Entindividualisierung zugunsten
einer neuen Generation. Die Sorge für ihr Kind
wird von nun an zu Susannes Lebensaufgabe
und Selbstrechtfertigung. So denkt die Mutter
nach Gabrieles Geburt: „Etwas hat sich verändert. Sie hat sich verändert. Du statt ich. Du,
das ist wichtig." (S. 25)

Kapitel II: Ich – was ist das? 1926

1. Gabrieles früheste Kindheitserinnerungen
beschreibt die Autorin, indem sie Assoziations-
ketten aneinanderfügt, ausgehend von den
ersten Worten, die das Kind begreift: „Heute"
und „Ich". Das Kleinkind Gabriele entdeckt
früh sein Ich und lernt es auszusprechen: „Und
wieder rennen, losrennen. Ich, ich, ich. Heute,
heute, heute (...) Und plötzlich Angst haben.
Vor der Fahrt in der Straßenbahn. Vor dem
Grau der Häuser. Vor dem vollgestellten Zimmer, vor Marmeladenbroten und dem Geschrei
des Vaters, vor der Dunkelheit, wenn Mutter
das Licht ausgemacht hat." (S. 27f.) Zur Euphorie, das „Ich" zu erproben und zu erfahren,
gesellt sich die Angst, dieses Ich wieder zu verlieren und in der Dumpfheit der Alltagsroutine
zu versinken.
Schlaglichtartig stehen die widersprüchlichen
Eindrücke nebeneinander, die sich Gabriele in
den beengten Familienverhältnissen einprä-

**Erste
Ich-Erfahrung**

gen. In vier Einstellungen werden die Erfahrungen eines Aprilwochenendes geschildert, von den ersten Worten am frühen Sonntagmorgen zu einem Familienausflug in den Grunewald, den Spannungen und Streitigkeiten in der Großfamilie und dem gewalttätigen Verhalten des Vaters der Mutter gegenüber in der folgenden Nacht.

Widersprüchliches Bild des Vaters

Während die Mutter sie behütet und ihre Eigenwilligkeit duldet, erscheint der Vater in einem widersprüchlichen Bild. Seine Aggressionen richten sich gegen die Mutter und Gabriele selbst – „Der Vater schreit, schleudert seinen Rasierpinsel nach dem Kind. Mutter bringt das Kind halbangezogen zu den Großeltern ins Zimmer." (S. 26f.) –, andererseits kann er über das Herumtollen des Kindes im Wald lachen, ist er derjenige, der „den abgebrochenen Kiefernzweig findet" (S. 28) Er wird damit zum Repräsentanten eines intensiven Glücksmoments, wie ihn die Autorin für sich selbst in Anspruch nimmt. In einem Fragebogen der Frankfurter Allgemeinen Zeitung vom 12. 4. 1985 antwortet sie auf die Frage „Was ist für Sie das vollkommene irdische Glück?" mit einem Satz, der den Eindruck des dreijährigen Kindes wiedergibt: „An einer Kiefer lehnen, den Stamm spüren, ein Baum sein, für Augenblicke."

Der Zweig, den ihr der Vater bringt, lässt Raum und Zeit überwinden, er steht für das Glücksgefühl in der Natur und wirkt wie ein „Schirm" (S. 28), der sie in den Streitigkeiten, die zwangsläufig in der Enge der Wohnung ausbrechen, behütet.

Spannungen innerhalb der Generationen

2. Es muss gespart werden, das Geld fürs Essen ist knapp und dennoch soll die Illusion eines bürgerlichen Familiensonntags gewahrt werden. Die Nerven sind daher gespannt und es bedarf wenig, um die Situation bei Tisch eskalieren zu lassen. Die Ekelgefühle des Kindes erscheinen verständlich angesichts der Genauigkeit, mit der es die Konstellation beobachtet, in der es sich gefangen fühlt, während die Freiheit in der Natur als positive neue Erfahrung noch

im Hinterkopf steckt. Gabriele wehrt sich auf ihre kindliche Weise: sie spuckt das Essen aus und liefert damit den Anlass für die Explosion der angestauten Spannung: „Da füttern wir euch mit durch, stehen tagsüber in der Küche, aber ihr könnt nicht mal euer Kind erziehen! Und dann schon wieder eins machen!" (S. 29) Dieser Vorwurf ist offensichtlich ungerecht, lässt aber die tiefe Entfremdung erkennen und führt zunächst dazu, dass Gabriele bestraft wird, um den Familienfrieden zu retten. Der Streit wirkt aber in der folgenden Nacht weiter und wird jetzt von ihrem Vater geführt.

3. Gabriele macht zunächst die Geräusche eines ehelichen Beischlafs im gemeinsamen Schlafzimmer aus, die sie nicht einordnen kann, die aber beängstigend wirken: „Das Kind kneift die Augen zu, hört Atmen, hört Keuchen, wortlose Zwiesprache von Stimmen, kneift, bis die Augen schmerzen, bis die wortlose Zwiesprache in hellen und dunklen Seufzern auseinanderfällt." (S. 31) Die Angst verschärft sich noch, als sie ohnmächtig den Ehekrach verfolgen muss, den der Vater inszeniert. Er fühlt sich in der Familie hintangesetzt, machtlos seiner drohenden Arbeitslosigkeit wie der autoritären, von den Schwiegereltern dominierten Familiensituation ausgeliefert. Seine Wut lässt er mit „zuschlagende(r) Stimme" (ebd.) an Susanne aus. Gabrieles Reaktion wird kennzeichnend für viele spätere Situationen, in denen sie sich ebenfalls ohnmächtig fühlt: sie entzieht sich dem Konflikt durch Schweigen: „Aber es regt sich nicht, versucht lautlos zu atmen, nicht dazusein, nichts zu hören, nichts zu fühlen, nichts zu wissen." (ebd.)

4. Ihr Kiefernzweig ist über die Nacht gerettet; Gabriele hat ihn als ihren Schutzschirm nicht aus den Fingern gelassen. Die Mutter scheint seine Bedeutung zu erkennen – aber zu diesem Zeitpunkt beginnt bereits die Kommunikationslosigkeit zwischen Mutter und Tochter.

Kindliche Ohnmacht beim Ehekrach

Kapitel III: Friede auf Erden. 1929

Vater: Verlust des Selbstwertgefühls

1. Gabrieles Vater hält die Festtagsvorbereitungen zu Hause nicht mehr aus und ist unter dem Vorwand an die frische Luft gegangen, Tabak zu kaufen. In der Zeit der Weltwirtschaftskrise, der Inflation und der hohen Arbeitslosigkeit hat auch er seinen Arbeitsplatz verloren – arbeitslos seit einem halben Jahr, muss er nun auch noch für eine zweite, erst drei Monate alte Tochter sorgen. Auf allen Ebenen sieht er sein Leben gescheitert: der Verlust der Arbeit schlägt sich in der spürbaren Ablehnung seiner Schwiegereltern nieder. Er misstraut auch den Gefühlen seiner Frau und verliert sein Selbstwertgefühl. Er empfindet sich als „überflüssig" (S. 35), so dass der Gedanke an Selbstmord nahe liegt. Die Vorstellung, ins Wasser zu gehen, malt er sich breit aus und imaginiert bereits die Sorgen seiner Familie, wenn er nicht zurückkehren würde.

Weihnachtsvorbereitungen

2. Großmutter bereitet wie immer das Weihnachtsfest vor. Schon seit sechs Uhr steht sie in der Küche, um die Vorbereitungen zu treffen. Noch immer gibt es das traditionelle Weihnachtsessen, obwohl die wirtschaftliche Situation in der Familie sich seit der Arbeitslosigkeit ihres Schwiegersohns und der Geburt einer zweiten Enkelin verschlechtert hat. Auch die Auseinandersetzungen haben sich in dieser zunehmenden Enge intensiviert, sie sind politischer geworden. Die Straßenkämpfe zwischen Kommunisten, Sozialdemokraten und Nationalsozialisten gehen in das Familienleben ein, selbst wenn Lieschen sie als „Männersache" bezeichnet, aus denen sie sich heraushalten will. Ihr Schwager Bruno ist zu Besuch gekommen und lässt sich trotz deutlicher Hinweise nicht zum Gehen bewegen. Er ist nach zwei Familienkatastrophen – die Frau ist früh gestorben, der Sohn im Krieg gefallen – bereits fanatischer Nationalsozialist und will den Bruder auch an Heilig Abend überzeugen.

3. Susanne leidet unter der Situation, aus der sie kein Entkommen sieht. Sie muss ihr Kleinkind versorgen und sich um Gabriele kümmern. Die Arbeitslosigkeit ihres Mannes hat die finanziellen Möglichkeiten genommen, eine eigene Wohnung zu suchen, psychisch leidet sie unter der Enge, der ständigen Rücksichtnahme, der schlechten Beziehung zu ihrem Mann. Wie er sieht sie ihr Leben als „sinnlos" an (S. 40), eine einzige Folge von Pflichten und Verantwortung, in der ihre Persönlichkeit keine Entwicklung erfährt – im Gegenteil: selbst die seltenen Komplimente, die sie früher bekommen hat, bleiben aus. Frustration entwickelt sich zu Hassgefühlen: „Als werde Erwartung nicht immer wieder getäuscht, enttäuscht und eingetauscht in alltäglichen Haß." (S. 41)

Frustrierende Eheerfahrung Susannes

4. Bruno wird nur geduldet, weil er der jüngste Bruder Gustavs ist; es gibt weder persönliche noch politische Gemeinsamkeiten. Pointiert werden die Positionen gegeneinander gestellt: „Hör doch auf, Bruno. Du weißt, daß ich anders darüber denke. Außerdem stimmts nicht, was du sagst." (S. 43) Aber Bruno stellt sich stur – er setzt seine politische Agitation fort und hat offensichtlich keine Lust, diesen Abend alleine zu Hause zu verbringen. Er lässt sich nicht abweisen und wird notgedrungen bei der Bescherung geduldet.

Politische Gegensätze in der Familie

5. Gründlich wird die Festtagsstimmung erst gestört, als Vater beim Nachhausekommen seine angetrunkene Mutter trifft, die angetrunken an der Familienfeier teilnehmen will. Er geniert sich für ihren Zustand und empfindet doch so etwas wie Stolz über ihr „ansehnlich(es)" Aussehen, ihr „blond(es), üppige(s), hochgesteckte(s) Haar" (S. 45) Der Alkohol lässt ihre Tabugrenzen fallen, sie spürt die Ablehnung der Familie und begehrt dagegen auf, indem sie die emotionsbetonte Weihnachtsfeier stört, ihren Sohn denunziert – „Machst auch schon den Buckel krumm? (...) sicher, ich hab ja vergessen, daß du n Sozi bist. Die machen immer den Buckel krumm, wenns nach Gefühl

Brüchige Festtagsidylle

riecht!" (S. 47) Aus Opposition gegenüber den bürgerlichen Verhältnissen in der Familie ihres Sohnes – nach denen sie sich aber offensichtlich doch sehnt, wie ihre Gegenwart belegt –, greift sie zur Nazi-Ideologie ihres Sohnes Bruno, zwei Zu-Kurz-Gekommene, die im Sozialdarwinismus ihre Identität zu finden suchen. Schließlich kommt es zum Handgemenge mit dem Schwiegervater, Porzellan geht zu Bruch und ihr Sohn wirft sie aus der Wohnung. Er empfindet ihr Verhalten als persönliches Fiasko, das allgemeine Schweigen bei seiner Rückkehr deutet an, dass auch die anderen Familienmitglieder das verunglückte Fest ihm anlasten.

Weihnachtsfest als negativer Höhepunkt

6. Gabrieles Angst wird in ihrem Rückzug ans Fenster deutlich. Das lange vorbereitete Weihnachtsfest ist zu einem negativen Höhepunkt geraten, gefährdet bereits durch die ungünstigen äußeren Umstände kippt die Kindererwartung durch die tätliche Auseinandersetzung mit der betrunkenen Großmutter völlig. Erträglich wird die Situation nur durch den Blick nach außen, dennoch wird ihr bewusst, dass etwas unwiderbringlich zerstört ist. Zum ersten Mal erscheint hier der Wunsch, sich nach außen abzuschotten: „sich ein(zu)schmiegen, kugelförmig (zu) werden" (S. 50)

Sozialistische Utopie

Die Mutter kann sie nicht beruhigen; Trost findet sie bei ihrer Urgroßmutter. Sie zeigt ihr in einem alten Fotoalbum Kinderbilder ihres Onkels Paul und ihrer Mutter. Voll Stolz berichtet die alte Frau von ihrem Sohn, der seine soziale Herkunft weit hinter sich gelassen hat, in London und Paris studiert, an der Sorbonne gelehrt und dennoch ein Bewusstsein für die Unmenschlichkeit der gesellschaftlichen Verhältnisse bewahrt hat. Der gebildete, kämpfende, aber schon bald kränkelnde Sozialist wird zur Vorbildfigur für Gabriele. Das Petersburg-Leitmotiv prägt sich ihr ein, denn in ihm steckt die Hoffnung, dass durch Solidarität die Einsamkeit durchbrochen werden kann. Der Traum ihres Onkels – „er sähe die Welt vor sich, einen großen Garten mit Ernten für jedermann" (S. 54) – bietet ihr Halt für das eigene Leben, denn „er hat nicht viel Zeit für den Traum gehabt. Er nicht. Er war schon zu krank, der Paul. Aber du siehst ihm ähnlich, Kind." (ebd.)

Kapitel IV:
Aber wir müssen uns wehren. 1933

Der Reichstagsbrand vom 27. Februar 1933 wird zum Fanal des neuen Systems. Dass er von den Nazis selbst gelegt wurde, erscheint dem Vater selbstverständlich.

Machtantritt der NSDAP

1. Gabrieles Eltern haben in Oberschöneweide, einem Industriegebiet Berlins, eine eigene Wohnung bezogen. In der Schule nimmt sie die Begeisterung des Lehrers, der von einer neuen Zeit spricht, wahr: „Die neue Regierung, sagt der Lehrer. Jetzt wirds besser werden, sagt er und verteilt Liederbücher für den Chor." (S. 57), während der Vater ihr verbietet, die Lieder zu Hause zu proben. Sie bleibt unangepasst und fragt sich, warum Ruth, die als „Klassenclown" früher so beliebt war, plötzlich allein steht; sie bemerkt, dass Arbeiterkinder an den Rand gedrängt werden, während die HJ den Ton angibt.

Sie will aber auch zur Gemeinschaft gehören, und das gelingt ihr, weil sie furchtlos an allen Mutproben der Jugendlichen teilnimmt. Dennoch steht sie außerhalb, was deutlich wird, als „ein Hund eine Katze zerbiß und alle Kinder aus der Laubenkolonie Beifall schrieen und klatschten" (ebd.) – sie kann sich der Faszination dieser Gewaltorgie nicht entziehen, kann nicht eingreifen und schämt sich – der Konflikt, dazugehören zu wollen und doch außerhalb stehen zu müssen, weil die Gewalt sie abstößt, ist ein erster Vorgriff auf die Außenseiterstellung und die Suche nach Gemeinschaft, die Gabriele in den folgenden Jahren erlebt.

Gabriele ist Außenseiterin

2. Ihr Vater ist Ingenieur, noch immer arbeitslos und zunehmend verstört durch den Leerlauf
und die Armut. Er sieht keine Chance zur
Selbstverwirklichung, wird zynisch und richtet
seine Aggressionen gegen die eigene Familie. Er
vergreift sich an seiner Frau, für die er „Haß"
empfindet (S. 59), weil sie, wie er meint, in der
Musik und im Kontakt mit den Kindern einen
Sinn findet, während er Arbeitslosigkeit und
die politische Entwicklung hilflos akzeptieren
muss. Gegen sein besseres Ich arrangiert er sich
mit den Machthabern und beschließt, Parteimitglied zu werden – um damit bei der Ar-
beitssuche privilegiert zu werden, aber auch als
Affront gegen seine Frau. Ihr spricht er einen
nicht geringen Teil Schuld an seiner Lebenslage zu: „Die da ist schuld mit ihrem Mendels-
sohn-Bartholdy, mit ihrem Chopin, mit ihren
Kindern, mit ihrer stillen, täglichen Arbeit.
Schuld, daß er den Sinn suchen muß, nicht frei
ist, eingesperrt in ihr Leben." (S. 62)

3. Susanne zieht sich zurück. Sie versteht das
opportunistische Verhalten ihres Mannes nicht
– „Er kann doch nicht in die Partei eintreten; er
ist doch nicht so einer wie Onkel Bruno; er weiß
doch, was sie über die Juden sagen." (S. 63) –,
steht ihm aber machtlos gegenüber. Ein Gespräch über die Entscheidung findet zwischen
den beiden nicht statt.

4. Mutter und Tochter finden in dieser Zeit einen engeren Kontakt. Gabriele ist beeindruckt
davon, dass die Mutter ihr verbietet, von Ruth
als „ne Jüdsche" zu sprechen (S. 64). Es kommt
zu einer stillen Solidarität zwischen beiden, der
Satz „Du darfst nie wieder so reden, Mädchen",
(S. 65) ist kennzeichnend auch für die Beziehung der beiden während des Nationalsozialismus. Die schwierigen Lebensumstände verbinden sie zu einem wortlosen Widerstand gegen
die Schrecken der Zeit.

5. Gabriele kauft am Abend ein und gerät in eine Menschenmenge, die den Aufmarsch der SA
erwartet. Die politische Haltung ist nicht einheitlich; noch mischen sich kritische Stimmen

in die Begeisterung, aber allgemein ist die Erwartung groß, dass die Arbeitslosigkeit nach der Machtergreifung beseitigt wird. Das Kind ist weder vom Aufmarsch der Männer, noch von ihren Liedern fasziniert; Gabriele will so schnell wie möglich aus der Menge verschwinden.

Kapitel V: Wenn alles aufhört
BIN ICH GANZ ALLEIN. 1936

1. Der Großvater arbeitet als Buchhalter und tritt in seiner Freizeit für Verfolgte des Naziregimes ein. Er besucht vor allem Kranke und Wohlfahrtsempfänger im proletarischen Milieu, das er in seiner Jugend so entschieden hinter sich lassen wollte. Er arbeitet dafür mit dem jüdischen Arzt Dr. Wolf zusammen, der bereits seine Ausreise beantragt hat. An diesem Tag im Spätsommer 1936 geht es um ein schwachsinniges Kind, das seiner Mutter weggenommen werden soll, offiziell, um es in eine Nervenheilanstalt einzuweisen. Tatsächlich wird es wohl als „lebensunwertes Leben" Opfer eines Euthanasieprogramms werden. Die Angst der Mutter – „Die Frau öffnet und hat verweinte Augen. Er soll doch weg, flüstert sie. Und er hats so gut hier." (S. 70) – deutet darauf hin, dass sie das Schicksal ahnt, das ihrem Sohn bevorsteht. Dr. Wolf ist unterwegs, der zuständige junge Arzt, ein Parteigenosse, wirkt unbetroffen, wie ein Buchhalter des Todes, was die Diskrepanz von Beruf und Betroffenheit zwischen den beiden Männern ist überdeutlich. Professionell erkennt er auch, dass Gustav unter der Überanstrengung und dem schwülheißen Klima leidet, wirkt aber nicht sonderlich besorgt.

Gustav erreicht noch seine Wohnung, bevor er zusammenbricht. In den Sterbeminuten erkennt er, dass etwas falsch gelaufen ist, sein passiver Widerstand gegen den Faschismus die allgemeine Begeisterung im Jahr der Olympiade nicht ausgleichen kann. Seine letzten Gedanken gelten der Familie, vor allem seiner

Tochter: „Mit einemmal glaubt er Susanne neben sich, ihre dunkelbraunen Augen, ihre gute
Stimme." (S. 72) In einer Alptraumvision stirbt
er: im 65. Lebensjahr, noch nicht Rentner.

Trauer der Frauen

2. Seine Frau Lieschen will den Tod nicht wahrhaben. Sie versucht ihren Mann wieder zu be-
leben, ihm schwarzen Tee einzuträufeln. Sie
kapituliert erst, als sie seinen Geruch nach
Schweiß und Urin wahrnimmt. Trauer stellt
sich nur langsam ein: „Sitzt breitbeinig, die
Hände auf den Schenkeln. Wartet. Auf den Kla-
gelaut. Auf den Schmerz." (S. 75)
3. Die Urgroßmutter hat mit dem Tod Gustavs
offensichtlich gerechnet. Sie reagiert mit küh-
ler Gelassenheit – der frühe Tod ihres Sohnes
Paul hat sie verbittert und ungerecht gegenüber ihrem Schwiegersohn werden lassen.
Insgeheim träumt sie noch immer von den
Lebenschancen, die Paul gehabt hätte, sei es als
engagierter Sozialist oder als Villenbesitzer. Ihr
Einverständnis mit den Vorstellungen Pauls
von einer gerechten Welt hält sie nicht davon
ab, auf den populistischen Erfolg des NS-Regi-
mes während der Olympiade hereinzufallen –
„Fahnen und Menschen aus aller Welt. Sie will
das Alice mal vorlesen beim Abendessen. Auch
Gustav solls hören, weil der doch so gegen die
neue Regierung ist." (S. 76)
Ihre Hinweise auf die notwendigen weiteren
Schritte sind emotionslos und lassen die Distanz zu ihrer Tochter spüren. Lieschen weist sie
aus dem Zimmer. Wie wenig in dieser Familie
Gefühle ausgedrückt werden können, zeigen
die letzten Worte dieses Abschnitts: die Urgroßmutter „wünscht sich, was sie lange nicht
mehr gewünscht hat, was sie fast vergessen hat:
Die Tochter in die Arme zu nehmen und ihr
über das Haar zu streichen." (ebd.)
4. Susanne erfährt durch ein Telegramm vom
Tod ihres Vaters, während die jüngste Tochter
in der Schule ist, Gabriele auf dem Maifeld Vor-
führungen für die Olympiade einübt. Ihr Mann
hat vor einem halben Jahr erst Arbeit gefunden,
da seine Bereitschaft, in die Partei einzutreten,

zunächst auf berechtigtes Misstrauen stieß. Als „Märzhase" (S. 77) war er nicht der Einzige, der sich wegen persönlicher Vorteile der NSDAP angeschlossen hat.

5. Auf der Fahrt zur Beerdigung ihres Großvaters sieht Gabriele ihren Erfolg in der Schule – als Auserwählte unter tausenden anderer Ausgewählter bei der Olympiade die vorgeblich klassenübergreifende Volksgemeinschaft verkörpern zu dürfen – im Angesicht des Todes: „Wenn alles aufhören würde, zählt das nicht, das auch nicht. Wenn alles aufhört, BIN ICH GANZ ALLEIN!" (S. 81) Der Tod des Großvaters macht sie skeptisch gegenüber dem massenhaft suggerierten „WIR"-Gefühl, nachdem sie ihren Außenseiter-Status – nicht dem BDM anzugehören, keine Uniform, kein Abzeigen zu tragen, keinen Dienst zu tun – gerade erst abgelegt hat. Sie spürt, dass der Mensch dem Tod alleine begegnen muss.

Die Beerdigungsfeier selbst hinterlässt einen intensiven, aber zwiespältigen Eindruck. Der Pfarrer kannte Gustav nicht; er sympathisiert wohl mit den Deutschen Christen und spricht in seiner Predigt über die Olympiade, „vom Erlebnis der großen Gemeinschaft" (S. 83), ein fast zynischer Text in Anbetracht der politischen Vorstellungen des Toten. Die Trauergäste kommen fast alle aus dem proletarischen Milieu, das Gustav betreut hat; auch Dr. Wolf ist dabei. Ebenso Bruno, „in Uniform und mit seinem goldenen Parteiabzeichen" (S. 84) und zuletzt die Mutter von Gabrieles Vater. Sie hat sich in der Zwischenzeit der Ludendorff-Bewegung angeschlossen, einer radikal-völkischen Sekte, die deutsche Gotterkenntnis und rassistische Gesinnung gegen eine vermeintlich allgegenwärtige jüdisch-freimaurerische-jesuitische Verschwörung setzt. Zudem heißt es in der Familie, die Frau gehe „auf die Weidendammer Brücke" (S. 84) – das heißt, sie prostituiert sich. Offensichtlich betrunken, pumpt sie ihren Sohn am Grab um fünfzig Mark an und droht, sich umzubringen.

Beerdigung Gustavs

23

Der Pfarrer verabschiedet die Familie mit Allerweltsfloskeln. Gegen die verängstigenden Eindrücke sucht Gabriele Schutz in der Familie und will ein Gefühl von Geborgenheit auch ihrer kleinen Schwester vermitteln: „Sie möchte sie immer an der Hand behalten, immer so eine Hand halten, schützend, und weil sich die Wärme austauscht zwischen den Fingern." (S. 85)

Aus dem Arbeitstagebuch zum Roman (I)

I. Abschnitt: Gabrieles Kindheit 1923–36

Mit diesen fünf Kapiteln ist ein erster Abschnitt des Buches abgeschlossen. Er umfasst die Kindheit Gabrieles, die mit der Beerdigung des Großvaters „ganz sicher" endet (S. 86). Vom folgenden Kapitel an wird das Geschehen daher auch nur noch aus der Perspektive von Gabriele geschildert.

Mit den Jahren 1923 bis 1936 ist zudem eine Phase deutscher Geschichte abgesteckt, die von der Weimarer Republik mit Arbeitslosigkeit und galoppierender Inflation als wesentlichen Kennzeichen über die Machtübernahme der Nationalsozialisten bis zur Stabilisierung des faschistischen Herrschaftssystems und dem Höhepunkt seiner innen- wie außenpolitischen Selbstdarstellung, der Olympiade 1936, reicht.

Dieser Abschnitt wird durch einen Einschub abgeschlossen, der – wie auch die weiteren „Arbeitstagebücher" eine doppelte Funktion besitzt: zum einen Reflexionen der Autorin wiederzugeben, „work in progress" vorzustellen, dann aber auch „Stoff im Zeit- und Informationsraffer zu summieren" (Heinrich Vormweg: „Bücher im Gespräch I: Ingeborg Drewitz: „Gestern war Heute", Deutschlandfunk, 1. 10. 1978).

Mitgliedschaft im BDM

Hervorgehoben durch den Kursivdruck wird auch Handlung kursorisch überflogen: die erneute Arbeitslosigkeit des Vaters, der nur eine Aushilfsposition erhalten hatte wie der – angekündigte – Selbstmord der Großmutter und die Unfähigkeit des Vaters, mit seinen Selbstvorwürfen fertig zu werden. Wichtiger ist für Gabriele die Beziehung zur NSDAP und ihren Jugendorganisationen. Sie ist die Einzige am Gymnasium, die nicht organisiert ist. Wie die anderen Mädchen will sie auch zum BDM gehören, was ihr von der Mutter verboten wird, die „sich dabei auf den Großvater beruft, der die Nazis gehaßt hat. Er würde sich im Grabe umdrehen, wenn er wüßte, daß du so etwas fragst!" (S. 87)

Sie will aber Teil der Gemeinschaft sein; ohne ihre Eltern zu fragen, meldet Gabriele sich im Bund Deutscher Mädel an. Sie bleibt nur für kurze Zeit und ohne sonderliches Engagement aktiv. Bereits ein Jahr später kündigt sie ihre Mitgliedschaft wieder auf. Nach der Reichspogromnacht, dem 9. November 1938, an dem die Nationalsozialisten gewaltsame Ausschreitungen gegen die jüdische Bevölkerung organisieren – angeblich als spontane Strafaktionen der Bevölkerung gegen das Attentat eines Juden auf den deutschen Botschafter in Paris – entschließt sich Gabriele zu diesem äußerst ungewöhnlichen Schritt. Er bleibt ohne negative Folgen, im Gegenteil: „Du hast dich sowieso nicht eingefügt, sagt sie, solche wie dich lassen wir gerne gehen." (S. 92)

Austritt aus dem BDM

Eine enge Solidarität zwischen Mutter und Tochter entsteht, als Gabriele erfährt, dass ihre Mutter insgeheim Juden unterstützt. Der Vater ist ausgeschlossen aus dieser Verbindung. Die schwierigen Lebensumstände führen zu einer wortlosen Gemeinsamkeit: „Gabriele bleibt auf dem Bett sitzen, obwohl sie Mutter doch umarmen möchte." (S. 90)

Der Wunsch Gabrieles, nicht alleine zu stehen, hat weniger mit Politik zu tun als mit ihrer physischen und psychischen Entwicklung. Sie setzt sich in der Pubertät mit ihrem Körper auseinander, der ihr als als kleines Kind schon ein Problem war: sie wäre gerne ein Junge gewesen und wurde dafür gestraft (S. 39), obwohl die

Pubertät

Mutter selbst lieber einen Sohn als ein Mädchen zur Welt gebracht hätte. Jetzt kreisen ihre Gedanken erneut um die Sexualität und das Thema Geburt – „Mein Leben sagen, sich vorzustellen, was sein wird, sein kann. Und sich nichts vorstellen können außer Stimmengewirr und Nacktheit, die Nacktes gebiert, das Nacktes gebären wird, gebären wird." (S. 88); sie reagiert „empfindlich" und „hellhörig" auf Blicke, Gespräche und Gesprächshaltungen der Eltern. Sie ist auf der Suche nach ihrer weiblichen Identität: „Wer bin ICH?" (ebd.)

Kapitel VI: Sie weiß nicht, was das ist: Leben. Sie lebt. 1938

**Die Wider-
standsgruppe**

1. Gabriele wird von ihrer Englischlehrerin angesprochen, in einer Gruppe mitzuarbeiten, die sich um die Familien Inhaftierter kümmert. Praktische Hilfeleistung steht hier im Vordergrund, Vorbild ist das Engagement von Pastor Niemöller. Sie reagiert beim ersten Treffen ablehnend, als sie bemerkt, dass diese Gruppe durch ihren Glauben motiviert ist. In Gabrieles Familie hat Religion nie eine Rolle gespielt; die Nähe der offiziellen Kirche zu den faschistischen Machthabern, die sie hautnah bei der Beerdigung ihres Großvaters erfahren hat, hat die Distanz nur noch verschärft.
Auch in dieser Gemeinschaft fühlt sie sich nicht zu Hause; sie ist enttäuscht und empfindet ihre Einsamkeit nur noch deutlicher: „ein verlorener Nachmittag, sie gehört nicht hierher, hier auch nicht, ist bald sechzehn. Die Mutter geht heimlich zu Glassteins, der Vater ist in der Partei (…) Und Ulrikchen will zu den Jungmädeln, wenn sie zehn ist. Nur sie gehört nirgendwo hin." (S. 95)

Der erste Freund

2. Trotz ihrer Vorbehalte arbeitet Gabriele dann aber mit – nicht etwa, weil sie sich doch mit den Zielsetzungen dieser Gruppe identifizieren kann, sondern weil sie einem jungen Mann gefallen will. Er hat sie nach dem Tref-

fen nach Hause begleitet. Sie wechseln nur wenige Worte, gehen schweigend hinter- oder nebeneinander, fahren in der gleichen S-Bahn – und dennoch verliebt sie sich in ihn. Zugleich hat sie Angst, dass er sie küssen könnte.

3. Diese neue Erfahrung will sie nur für sich erleben. Die Familie wird unwichtig; sie zieht sich in ihre Kammer zurück, verschließt die Tür und findet zu einem völlig neuen Körpergefühl: „Kriecht nackt unter die Decke, krümmt sich unter der Kühle des Leinens, schämt sich und schämt sich nicht, weiß nicht einmal mehr, was das ist: Scham." (S. 101)

4. Zum ersten Mal setzt sie sich in der Nacht mit Glaubensinhalten auseinander, der Frage, ob „Gott eine Erfindung ist" (S. 102), von den Menschen für ihre politischen Ziele manipuliert und damit auch von den Faschisten instrumentalisierbar. Am Morgen ist sie mit ihrer Mutter konfrontiert. Ihr will sie sich mitteilen, ohne dazu aber in der Lage zu sein – „Steht und sieht der Mutter zu. Und müßte reden, reden." (S. 103) – Gespräche zwischen beiden finden kaum mehr statt.

Sie sieht aber an diesem Morgen Susanne mit einem ganz anderen, kritischen Blick als eine Frau, die sich ganz für die Familie geopfert hat, in deren Leben eigene Wünsche und Bedürfnisse verdrängt wurden. Ihre eigene Identität definiert Gabriele nun im Kontrast zur Mutter: „Sie sieht zum ersten Mal, wie erschlafft das Gesicht der Mutter ist (…) Seit heute morgen fühlt sie sich schuldig vor der Mutter, weiß, daß sie auf ihr Leben verzichtet hat (…) Seit heute morgen ist sie entschlossen, der Angst nicht nachzugeben, daß sie auch einmal so verloren gehen könnte." (S. 103f.) Diese Rolle will sie in ihrem Frauenleben garantiert nicht nachahmen.

5. In ihrer Untergrundtätigkeit nimmt Gabriele Kleider von einer Familie mit, um sie einer anderen zu bringen, deren Mann schon seit Jahren inhaftiert ist – praktische Solidarität, die mit Religionszugehörigkeit nichts zu tun hat, vielmehr deutlich macht, dass die Repression

Kritik am Rollenverständnis der Mutter

sich gegen politische wie kirchliche Gruppen gleichermaßen richtet.

6. Ihr Engagement und die dankbare Aufnahme, die sie in den Familien findet, stärken ihr Selbstbewusstsein. Fragwürdige Gemeinschaftserlebnisse, wie sie der Faschismus konstruiert, braucht sie nicht mehr; sie entdeckt einen eigenen Sinn im Leben, ohne ihn abstrakt fassen zu können: „Sie weiß noch nicht, was das ist: Leben. Sie lebt." (S. 106)

Kritik am Verhalten des Vaters

7. Gabriele kann ihre Abwesenheit zu Hause nicht erklären. Die Kommunikationsunfähigkeit in der Familie lässt auch eine Auseinandersetzung um das Verhalten der Eltern nicht zu – weder die zwiespältige Rolle des Vaters noch das soziale Engagement der Mutter können angesprochen werden. Was bleibt dann zwischen Mann und Frau, wenn derart existentielle Fragen nicht mehr diskutiert werden können?

Kapitel VII: Die Ungleichzeitigkeit des Gleichzeitigen. 1940

Siegesfeiern in Berlin

1. Nach den Siegen in Frankreich befinden sich die Berliner in einem Taumel der Begeisterung und schmücken die Stadt für den Einzug des Führers. „Euphorie in den Straßen von Berlin"; es heißt: „Nun noch England, dann ist Frieden!" (S. 107) Wer den Triumphzug nicht mit eigenen Augen verfolgen kann, hängt an den Sätzen des Radioreporters.

Unberührt bleiben davon lediglich die Verfolgten des Naziregimes und diejenigen, die sie unterstützen. Gabrieles Freund ist auf Studienurlaub aus dem Krieg zurückgekommen; die beiden treffen sich und fahren, allein in diesem Siegestaumel, zum Baden nach Grünau. Dort wohnt seine Familie in einer Villengegend – der Vater ist bei der deutschen Filmgesellschaft UFA beschäftigt –, einem Milieu, das Gabriele vollkommen fremd ist.

2. An der Badestelle schläft Gabriele zum ersten Mal mit einem Mann. Es ist eine Situation, die sie nicht eigentlich will; ihre Liebe steht im Schatten der politischen Ereignisse. Schon in den Armen ihres Freundes antizipiert sie die Rückfahrt in der S-Bahn und die Feier der Mitreisenden: „Das geht sie an, nicht die Idylle, nicht der Körper mit seinem Verlangen." (S. 111) Aber sie spürt die Lust in ihrem Körper und kann sich nicht dagegen wehren – „Sie wirft sich auf die Seite, dreht ihm den Rücken zu, wehrt sich gegen ihren Körper, wehrt sich nicht, kann sich nicht wehren." (ebd.) Sie überlässt ihm die Rolle des Eroberers und spielt damit ein Muster durch, das in ihrem Leben immer wiederkehren wird.

Erste Liebe mit 16

3. Gabriele kann ihre Gefühle und Gedanken nicht verarbeiten oder genießen, denn als sie nach Hause kommt, ist der Vater von den Nazis verhaftet worden. Die Mutter ist völlig aufgelöst, Ulrike dagegen überglücklich, weil sie dem Führer bei der Siegesfeier in die Augen blicken durfte und meint, von ihm bemerkt worden zu sein. Die Familie ist der Partei – und den denunzierenden Nachbarn – schon lange verdächtig, denn obwohl der Vater Mitglied der Partei ist und man ihm aus diesem Grund eine Stelle verschafft hat, gibt es viele Anzeichen mangelnder Unterordnung. Gabriele ist nicht im BDM und Susanne nicht in der Frauenschaft.

Verhaftung des Vaters

Verhaftet wird der Vater, weil er am Siegestag über Frankreich nicht geflaggt hat. Gabriele stellt ihre Gefühle hintan; sie beginnt Ordnung zu schaffen und übernimmt jetzt die Verantwortung: „Mit einemmal ist sie die Erwachsene, die Rat wissen muß. Der Nachmittag, der Abend sind ganz unwichtig, eine Filmszene, ein Stück anderes Leben." (S. 113)

4. Dem Vater geschieht nichts, als dass ihm die Mitgliedschaft in der Partei entzogen wird. Stolz erklärt er sich für „vogelfrei" (S. 116) und fühlt sich damit berechtigt, als Nazigegner seinem Zorn freien Lauf zu lassen. Damit ängstigt

Gewachsenes Selbstbewusstsein Gabrieles

er seine Frau, die wegen der Nachbarn wegziehen will, aber auch Gabriele, die ihm sein egozentrisches Verhalten vorwirft: „Du machst uns alle kaputt mit deinem Gerede." (S. 117) Die Machtpositionen in der Familie verschieben sich. Gabriele ist nicht mehr die minderjährige Tochter, die sich unterzuordnen hat. Sie hat an Erfahrung, an Selbstbewusstsein und an politischem Bewusstsein dazugewonnen. Die Unstimmigkeiten im Leben ihrer Eltern durchschaut sie genau – ohne sie jedoch ändern zu können: „Sie sollen doch nicht so tun, als sei alles wieder in Ordnung. Sie sollen doch nicht so tun!" (ebd.)

Kapitel VIII:
Bild von den Pfauen. 1942

1. Im Winter 1942 verschärft sich die Situation in Deutschland – militärisch, weil die Zeit der „Blitzsiege" vorbei ist, die 6. Armee mit über 200.000 Mann im November 1942 vor Stalingrad eingeschlossen wird. Am 31. Januar 1943 müssen sich die Reste dieser Armee ergeben, ihr Untergang signalisiert den Umschwung des Kriegsgeschehens im Osten; – sozial, weil immer mehr Waren rationalisiert und damit die Lebensmittelhilfe von Gabrieles Gruppe gefährlicher, aber auch notwendiger wird, – politisch, weil die Repression zunimmt.

Vorbereitung des Holocaust

Die nationalsozialistische Rassenpolitik erreicht im Januar 1942 mit den Beschlüssen der Wannsee-Konferenz ihren Höhepunkt. Gibt es bis zum Beginn des Zweiter Weltkriegs insgesamt rund 250 Gesetze, Verordnungen, Erlasse, Verfügungen und Anordnungen, mit denen die Juden enteignet, ausgeplündert, in ihrem Alltag eingeschränkt werden, so setzt vor den systematischen Deportationen im Oktober 1942 eine weitere Verschärfung der Maßnahmen ein: Pelz- und Wollsachen, Ski- und Winterausrüstung, Fotoapparate, optische Geräte, Fahrräder, Schreib- und Rechenmaschinen müssen abgeliefert werden; Warteräume, Raststätten und deutsche Friseurläden dürfen Juden gar nicht mehr, öffentliche Verkehrsmittel nur nach Genehmigung durch die örtlichen Polizeidienststellen benutzen. „Ariern" vorbehalten sind „Fleisch, Fleischwaren, Eier, Weizenerzeugnisse (...), Vollmilch, entrahmte Frischmilch ..." (S. 118).

Von der „Endlösung der Judenfrage" hört Gabrieles Gruppe durch einen Eisenbahner, der sich selbst verwundet hat, um an den Transportzügen der Juden in die Konzentrationslager nicht mehr teilnehmen zu müssen. Weil unklar ist, ob er nicht ein agent provocateur ist, wird nicht mit ihm darüber gesprochen, wechselt die Gruppe im Anschluss an das Gespräch ihren Treffpunkt.

Die Familie ist wieder zurück nach Moabit gezogen, um den Verdächtigungen und der Denunziation der Nachbarn zu entgehen. Damit nimmt auch die Belastung der Familienverhältnisse in der Enge der Wohnung wieder zu. Außerdem verhalten sich die Familienmitglieder ganz unterschiedlich: der Vater schimpft, Susanne und Gabriele arbeiten in je unterschiedlichen Unterstützungsgruppen, Ulrike ist ein eifriges und begeistertes Mitglied im BDM.

2. Nach dem Abitur erledigt Gabriele ihr Soll im Arbeitsdienst, danach in einer Fabrik, in der sie „Meßinstrumente montiert und justiert" (S. 121), sie nimmt ein Studium in Philosophie und Geschichte auf und ist aktiv in der Untergrundbewegung.

3. Wie zahlreiche Frauen arbeitet sie in der Fabrik, weil die jungen Männer im Krieg sind. Die Disziplin ist streng, die Frauen arbeiten im Akkord und halten den Tagessatz nur auf einem erträglichen Niveau, weil sie untereinander solidarisch sind. Die Gesprächsthemen der Arbeiterfrauen sind handfest, aber Gabriele wird als „unsere kleine Studentin" umsorgt und mit Zigaretten versehen (S. 125).

Unterschiedliches politisches Verhalten in der Familie

31

4. Nach Feierabend erst beginnt ihr Studium. Gabriele ist im zweiten Semester, „sie ist gern in der Universitätsumwelt, in der der Krieg nicht das alles beherrschende Thema ist." (S. 127) Von ihrem Vater erhält sie keine Unterstützung, eingespannt zwischen opportunistischem Alltagsverhalten und antifaschistischer Intention hat er kein Verständnis für kulturelle oder philosophische Ziele. Die Mutter dagegen spricht ihr Mut zu: „studiere du nur, lerne was. Zu irgendwas wird es gut sein." (ebd.) Diese mütterliche Kraft verhilft der Tochter zu einer positiven Identitätsfindung und gibt ihr Vertrauen in ihre eigenen Kräfte und Fähigkeiten. Gabrieles Energie ist ungeschmälert durch schlechtes Essen, nasse Kleidung oder winterliche Kälte. Es scheint so, als halte die unermüdliche Arbeit das Versprechen auf eine friedliche Zukunft wach trotz aller Hoffnungslosigkeit. Sie ist nicht „irgendein junges Mädchen" (S. 121), das ihren Individualitätsanspruch unter dem Druck des Krieges und des absoluten Herrschaftsanspruchs im Dritten Reich aufgegeben hat. Ihre Tagträume kreisen um „Pfauen, die radschlagen" (S. 118), um Stadtpläne von einem friedlichen Berlin. Sie lassen den Alltag erträglicher erscheinen, sind Teil ihrer intellektuellen und ethischen Unabhängigkeit: „Die Spannung zwischen Traum und Vernunft, die sie bei Hegel wiedergefunden hat oder in den Steinschen Reformen oder in Kleists Prinzen von Homburg oder den Bildern Philipp Otto Runges oder den Bauzeichnungen Schinkels" (S. 128).

5. Gabrieles Freund wird an der Ostfront vermisst. Monatelang hat sie keine Post mehr von ihm bekommen. Seine Eltern teilen ihr schließlich mit, dass er von einem Spähtruppunternehmen nicht wieder zurückgekehrt, vermutlich gefallen ist. Gehalten wird sie in diesem Augenblick von Susanne. Die Beziehung zu ihrer Mutter ist geprägt von einer wortlosen gegenseitigen Unterstützung.

Kapitel IX: Ohren haben, die hören, Augen haben, die sehen. 1943

1. Im Februar 1943 organisiert Goebbels im Berliner Sportpalast eine Massenversammlung, die über den Rundfunk in alle Teile des Landes übertragen wird. Sie soll dazu beitragen, noch einmal alle Kräfte in der Bevölkerung für den Krieg zu mobilisieren: „Ich frage euch: Wollt ihr den totalen Krieg? Wollt ihr ihn, wenn nötig, totaler und radikaler, als wir ihn uns heute überhaupt vorstellen können?" Das aufgeputschte Publikum antwortete mit einem donnernden „Ja" – was darunter zu verstehen ist, erschließt sich den Deutschen allerdings erst langsam.

Die letzte Kriegsphase

Die Repression wird schärfer: am 18. Februar 1943 werden die Geschwister Scholl in München verhaftet; der Aufstand im Warschauer Ghetto Mitte April wird mit aller Brutalität niedergeschlagen. Die Lage an den Fronten hat sich mit dem Kriegseintritt der USA im Dezember 1941 und der Niederlage der 6. Armee grundlegend gewandelt. Im Mai 1943 kapituliert das Afrikakorps, im Sommer wird Mussolini durch einen Staatsstreich entmachtet. Die Überlegenheit der Alliierten zeigt sich vor allem im Bereich des Luftkriegs. Luftangriffe von bisher unbekanntem Ausmaß sollen die deutsche Rüstungsindustrie treffen und die Verkehrsanlagen zerstören. Die Moral der deutschen Bevölkerung soll durch „Bombenteppiche" gebrochen werden, die eine Stadt nach der anderen in Schutt und Asche legen. Der per Akklamation eingeforderte „totale Krieg" fordert der deutschen Bevölkerung die letzten Kräfte ab.

In dieser Situation, die auch die Familie betrifft – Ulrike wird nach Pommern geschickt, wohin ihre Schule wegen der Bombenangriffe ausgelagert wird –, studiert Gabriele. Sie schreibt eine Arbeit, deren Thema sich aus heutiger Sicht harmlos genug ausnimmt, in den 40er Jahren aber lebensgefährlich ist: „Gabriele studiert die Programme der Parteien in der Weimarer

Republik, eine gewagte Arbeit, aber der Professor hat zugestimmt und ihr die Bescheinigung ausgestellt, Archive und verbotene Bücher zu benutzen." (S. 131) Gibt es Fliegeralarm, muss sie sich von der Universität in der Friedrichstraße bis nach Moabit durchkämpfen, immer in Gefahr, einer Polizeistreife in die Arme zu laufen oder während der Luftangriffe getroffen zu werden.

Unvorsichtiges Verhalten des Vaters

2. 82 Menschen sitzen im Luftschutzkeller ihres Hauses; ihre Einstellung gegenüber Gabrieles Familie ist uneindeutig. Der Vater verhält sich so unvorsichtig wie egozentrisch: er schimpft, verhöhnt den Führer und Reichsmarschall Göring, nimmt keinerlei Rücksicht auf sich selbst oder seine Familie. Die Gefahr, denunziert und verhaftet zu werden, ist groß.

3. Das Kriegsende zeichnet sich ab: Berlin brennt. Nach zwei weiteren Angriffen am 19. November 1943 gibt es wichtigere Probleme als die Denunziation von Gabrieles Vater.

Kapitel X: Wie stellen Sie sich Ihre Zukunft vor? 1945

1. Der Krieg nähert sich dem Höhepunkt der Zerstörung in Deutschland. Amerikaner, Engländer und Kanadier dringen von Westen aus vor, die Russen von Osten. Nach der Verhaftung der Lehrerin im Zusammenhang mit den Maßnahmen gegen das Attentat vom 20. Juli ist die Versorgung von Versteckten durch ihre Gruppe kaum noch möglich.

2. Gabriele bespricht mit dem Professor ihre Arbeit in seinem Privathaus in Potsdam, einem großbürgerlich-kultivierten Haushalt. Das Ziel ihrer Arbeit – nachzuweisen, „daß die Nationalsozialisten die Programme der sozialistischen und der bürgerlichen Parteien der Weimarer Republik plagiiert haben", „den Rausch und den fatalistischen Gehorsam erklären (...), dem sich so wenige, viel zu wenige entzogen haben" (S. 138) – erscheint ihm zwar interessant, er weigert sich jedoch, sie zu bewerten, spricht von „Zersetzung der Kampfmoral" (ebd.) und fürchtet, bei Annahme der Arbeit verfolgt zu werden.

Bei diesen wenigen Angaben über die Arbeit bleibt es – Näheres darüber, welche Inhalte die NSDAP den Weimarer Parteien entzogen hat, welche Bedeutung Massensuggestion oder eine autoritäre Persönlichkeit der Deutschen für den Erfolg des Dritten Reiches besessen haben, unterbleibt. Darauf gehen in den vierziger Jahren die Schriften von Adorno und Horkheimer in den USA ein. Sie müssen Gabriele, die ohne zeitliche und räumliche Distanz ihre Arbeit schreibt, unbekannt bleiben.

Sie ist in einer mehrfach ungesicherten Situation: „eine Studentin ohne Abschluß, eine Arbeiterin ohne Qualifikation, ein Mädchen ohne Nachricht, eine Tochter besitzloser Eltern" (S. 139). Der Professor setzt sich nach den Bombardements von Dresden in den Westen ab – für Gabrieles Weigerung aus Berlin wegzugehen, weil sie ihre Eltern nicht verlassen will, hat er kein Ohr. Als „eine Frauenantwort" belächelt er ihre Position (S. 140) – kein Wunder, dass Gabriele nicht bereit ist, mit ihm über ihre Zukunftsängste zu reden.

3. Flüchtlingsströme ergießen sich über Berlin. Die Bevölkerung wird im Volkssturm eingesetzt; die Stadt soll mit Gräben und Barrikaden geschützt werden. Die offizielle Propaganda lässt jedoch nicht nach, Gabriele hört die freitäglichen Goebbels-Beiträge, in denen Beweise von deutschem Heldentum Hand in Hand mit Aufrufen zum Schutz deutscher Mädchen gehen. Bombenangriffe werden zur Tagesordnung; der interne Krieg gegen Deserteure und alle, die der Moralzersetzung beschuldigt werden, nimmt zu. Die gewohnte Tagesordnung kommt zum Stillstand, denn es gibt „Nahkampf von Straßenecke zu Straßenecke" (S. 145).

4. Am 2. Mai nimmt die Rote Armee die Reichshauptstadt ein; am 8. Mai unterzeichnen die Oberbefehlshaber der deutschen Wehrmacht in

Berlin die bedingungslose Kapitulation. Das Leben ist wie aus den Fugen geraten. Apokalyptische Bilder zeigen sich in den heißen Frühsommertagen 1945: „Die Mädchen und Frauen haben sich Asche in die Gesichter geschmiert, laufen in Tücher und Lumpen gehüllt (...), die Ungeduldigen beugen sich über die schmutzigen Löschteiche und lassen das Wasser in die Eimer schwallen, Schmutzwasser, Spülwasser, Typhus- und Ruhrwasser. Die Häuser stinken nach betriebsunfähigen Wasserklosetts, das Fliegengeschmeiß vermehrt sich, nachts kann man die Ratten hören. (...) einige erbrechen sich, andere knien vor den hitzegedunsenen Pferdekadavern, die nach der Schlacht liegengeblieben sind, reißen mit Vorlegemessern, Scheren und Taschenmessern Fleischfetzen heraus ..." (S. 148).

Als russische Soldaten Gabrieles Wohnung durchsuchen, schließt die Mutter ihre Töchter in die Kammer der Urgroßmutter, stellt einen Schrank vor die Tür und spielt auf Befehl der Russen Beethovens Waldsteinsonate.

5. Am Tag der Kapitulation stirbt die Urgroßmutter, 101 Jahre alt. Der Tod erinnert Gabriele an ihre Kindheit, als sie ihr Bilder aus dem Fotoalbum gezeigt und die Geschichte vom Volksaufstand in St. Petersburg erzählt hat. Die Achtung, der Stolz, mit dem die Urgroßmutter Gabriele von ihrem Sohn Paul erzählt hat und auch der erwartungsvolle Zusatz, dass Gabriele ihm ähnlich sähe, bewirken noch einmal Sympathie mit der Verstorbenen – die zu ihren Lebzeiten schwer aufzubringen war.

Leben in einem zerstörten Land

6. Die Versorgungslage nach der Kapitulation ist katastrophal. Wohnungen sind zerbombt, Straßen, Eisenbahnen, Brücken zum großen Teil zerstört. Als weitere Belastung kommt die Demontage von Fabrikanlagen hinzu. Durch ein System der Bewirtschaftung werden Rohstoffe der Industrie genauso zugeteilt wie Nahrungsmittel und Waren der Bevölkerung. Schwarzmarkt und Tauschwirtschaft blühen. Das NS-Regime hatte zur Bezahlung des Krieges Geld gedruckt, dem keine Sachwerte mehr entsprachen. Für dieses Inflationsgeld gibt es in den Geschäften kaum mehr etwas zu kaufen, auf dem Schwarzmarkt dagegen ist gegen Wertgegenstände alles zu haben. In dieser Situation gibt es keine Bedenken gegen organisierten Diebstahl, etwa von Gemüse (S. 153).

7. Gabrieles Vater versucht bei seiner Transformatorenfabrik wieder als Ingenieur arbeiten zu können. Die Fabrik, die auf sowjetisch besetztem Gebiet liegt, ist zum Teil zerstört, zum Teil bereits demontiert, Arbeitskräfte werden in die Sowjetunion deportiert. Er entkommt diesem Schicksal, weil in seinen Papieren eine Lungentuberkulose-Bescheinigung liegt – damit ist er für die Arbeit dort nicht tauglich. Er ist jedoch keineswegs erfreut darüber, sondern sieht sich erneut als arbeitsunfähig zurückgewiesen: „Wieder taugt er nicht, einundfünfzig Jahre alt und taugt wieder nicht." (S. 156)

Seine Frustration bringt Gabriele dazu, ihm ins Gesicht zu schlagen. Sie will sich dieser verletzenden, bitter-sarkastischen Logik nicht unterwerfen, der Abend endet mit dem Gefühl größter Entfremdung.

Aus dem Arbeitstagebuch zum Roman (II)

Der zweite Teil des Romans umfasst die Jahre 1938 bis 1945: den Naziterror, die Widerstandsarbeit und den Kriegsverlauf bis zur Kapitulation. In diesen historischen Abschnitt ist Gabrieles private Geschichte verwoben: ihre Jugend, die erste Liebe und die Überforderung, die Arbeitsdienst, Berufstätigkeit und Studium für sie bedeuten.

Das Arbeitstagebuch zeigt Gabriele als äußerst sensible Zeitgenossin. Die Verben „Wahrnehmen", „Beobachten", „Notieren", „Festhalten", „Aufrechnen", vor allem aber „Erinnern" stehen für die teilnehmende Distanz, mit der sie

II. Abschnitt: Gabrieles Jugend 1938–1945

das Tagesgeschehen verfolgt. Die Stimme der Autorin verschwindet in diesen Passagen fast vollständig hinter ihrer Romanfigur, so dass der Eindruck noch zu verarbeitender Notizen zu dem Geschehen sich mit den Gedanken der Hauptfigur verbindet.

Leben im Nachkriegs-deutschland

Die gedrängten Aufschriebe zeigen die Entbehrungen und Einstellungen im Deutschland der unmittelbaren Nachkriegszeit. Das Leben ist ausschließlich augenblicksbezogen, es geht um die Sicherung der eigenen Existenz durch Hamsterfahrten und die Arbeit der Trümmerfrauen. Von Politik haben die Menschen genug, von denjenigen, die in KZs oder Zuchthäusern gesessen haben, will man „nichts gewußt haben"

Verdrängen der eigenen Schuld

(S. 158). Die Deutschen weigern sich ihre eigene Mitschuld zur Kenntnis zu nehmen, sich einzugestehen, dass es sich – wie Eugen Kogon, Überlebender der Konzentrationslager, bereits 1946 in seinem Werk „Der SS-Staat" schreibt – bei den Tätern nicht um „irgendwelche Scheusale", sondern um „dich und mich" handelt, „sobald wir nur dem gleichen Geist verfallen, dem jene verfallen sind, die das System geschaffen haben." (Eugen Kogon: „Der SS-Staat", München 1974, S.VI) Selbst Gabrieles Mutter verschiebt die Schuldfrage, wenn sie nach dem ehemaligen KZ-Häftling, der sich bei Gabriele für die Unterstützung der Widerstandsgruppe bedankt, fragt „wer war denn das (...), der sieht ja aus wie ein Verbrecher!" (S. 162)

Die Politik der Alliierten, die über die Zukunft Deutschlands auf der Potsamer Konferenz bestimmt, wird kommentarlos hingenommen. Emotionslos wird auch das Schicksal Hunderttausender von Menschen durch den Abwurf der Atombomben auf Hiroshima oder Nagasaki akzeptiert. Im zerstörten Berlin ist man abgestumpft gegenüber den Leiden einer fremden Nation.

Gabriele drängt mit vielen anderen in das ungeheizte Berliner Opernhaus zu einer „Fidelio"-Inszenierung. Sie wird vom Gedanken der „Freiheit" getragen (S. 165), der ihr bei aller

Alltagsbelastung ein optimistisches Gefühl für die Zukunft vermittelt: „Nachher, im kalten Novemberregen auf der Kantstraße zwischen den Opernbesuchern weiß sie jäh, daß etwas vorbei ist, daß etwas anfängt." (S. 166)

Kapitel XI: Lebensfest. 1946/47

1. Gabriele will mit einer Gruppe junger Menschen „die Welt neu entwerfen" (S. 170). Sie lassen die Vision einer Zukunft ohne Privatbesitz entstehen, ohne Militär, ohne Waffen, ohne Diskriminierung von Nationen oder Klassen, einer Nation, die einmütig ihre Schuld abtragen will. Eine Zeitschrift soll herausgegeben werden, in der diese politischen wie ethischen Fragen debattiert werden.

Gabrieles Aufbruchstimmung nach dem Krieg

2. Gabriele ist auf Grund einer Anzeige auf diese Gruppe gestoßen – ihre moralische Eindringlichkeit entspricht der eigenen Haltung, sich nicht mit dem zufrieden geben zu wollen, was machbar ist. Das Leben ihrer Eltern ist ein erschreckendes Beispiel dafür, wie hohe Ziele im Alltagsleben zunichte werden: „Sei doch zufrieden. Davor fürchtet sie sich, zufrieden zu werden, die Erinnerungen wie in einem Album aufzureihen, sentimental und prahlerisch aufzuzählen, was alltäglich war und doch besonders, die Einkünfte auszurechnen, von Monat zu Monat, von Jahr zu Jahr, ein geordnetes, ein ordentliches Leben zu haben, weil ein ordentliches, ein geordnetes Leben zu haben, das einzige ist." (S. 171)
Das Zeitungsprojekt erscheint bei allen idealistisch-weltfremden Ideen als Gemeinschaftsarbeit, bei der Gabriele ihre Angst, eigene Vorstellungen zu äußern, überwindet. Als Metapher für die vage Hoffnung auf eine bessere Zukunft sieht sie eine „Goldraute, die aus einem Schutthaufen gewachsen ist, schmutziges Gelb, stinkendes Blühen, zufällig ausgesät auf dem zusammengekehrten, verrußten Ziegelschutt" (S. 175f.).

Klimaverhärtung

3. Mit dem Klima im harten Winter 1946/47 verschärft sich die wirtschaftliche und die politische Situation. Eine Mitarbeiterin aus Gabrieles Gruppe wird verhaftet. Ruth hat sich selbst nichts zu Schulden kommen zu lassen, ihr Vater soll aber als Fabrikbesitzer Geschäfte mit den Nazis gemacht haben. Im Ostsektor Berlins reicht das als Haftgrund offensichtlich aus.

Gabriele besucht die Eltern ihres Freundes in Grünau, um einen Beitrag über den neuen deutschen Film für die erste Ausgabe der geplanten Zeitschrift zu erhalten. Sie wird um einen „Persilschein" gebeten, eine Bescheinigung, dass ihr Freund im Untergrund aktiv war. „Das gäbe ein paar Pluspunkte" (S. 179). Der kalte Krieg zwischen Ost und West wird spürbar; ein Bericht über die Erlebnisse im KZ wird ihr selbst von dem Mann verweigert, dessen Familie Gabriele während des Dritten Reichs unterstützt hat – er wohnt in Ostberlin, die Zeitschrift erscheint im Westen, deshalb hat er Angst, „Schwierigkeiten (zu) bekommen" (S. 180). Wolfgang Borcherts Schauspiel „Draußen vor der Tür" wird inszeniert und trifft mit seiner desillusionierten Heimkehrer-Thematik das Bewusstsein der Zeit.

Im Winter 1947 stirbt Großmutter Lieschen. Für Gabriele beginnt eine neues Leben, das sie darin bestätigt, anders zu werden als ihre Eltern: „Ich will nicht so werden wie Vater und Mutter, von täglichen Auseinandersetzungen und Sorgen verbraucht, von Dreck und Wäschegeruch und halber Schuld, der eine vor dem anderen" (ebd.).

4. Im März nimmt die Zeitschrift die ersten juristischen Hürden: sie erhält eine Lizenz der Besatzungsmächte und damit die Zusage für die Papierlieferung. Das ist Anlass genug für ein Freudenfest jenseits aller Einschränkungen. Gabrieles Traum scheint wahr zu werden, gedankenverloren tanzt sie auf einem Tisch.

5. Sie wird am Morgen danach von den realen Schwierigkeiten – vor allem der Verhaftung Ruths – wieder eingeholt. Gerade ihr schwärmerischer Idealismus aber lädt zu einer „Liebeserklärung" an sie ein.

6. Die Gruppe will sich Klarheit über Ruths Schicksal verschaffen. Ihre Mutter weiß nur, dass sie „manchmal Fragen gestellt hat, die sie besser nicht gestellt hätte" (S. 185), mehr nicht. Der schwärmerisch-sozialistische Ansatz in der Gruppe wird in Frage gestellt.

Kapitel XII: Auf der Wetterkarte ein schöner Sommer. 1948

1. Jörg, ein Mitglied aus der Zeitschriftengruppe macht Gabriele einen Heiratsantrag. Sie nimmt ihn an, ohne dass ein Grund dafür recht ersichtlich wird. Gabriele antwortet mit einer Formel, die fast wörtlich Gedanken ihrer Großmutter aufnimmt – „Warum eigentlich nicht." (S. 188/s. S. 13) – und macht damit deutlich, dass sie die Tradition der Frauen in ihrer Familie allen Überlegungen zum Trotz übernimmt. Deutlicher noch wird die Übergabe von Wertvorstellungen bei der Weitergabe des Hochzeitskleides. Gabrieles „jähe Angst", mit der sie das Kleid ihrer Mutter annimmt, zeigt, dass sie im Unterbewusstsein den Vorgang versteht: „Angst, Angst vor dieser Idylle: Mann und Frau, vielleicht auch ein Kind oder zwei. Angst vor der Immer-Wiederkehr" (ebd.).

Gabriele erhält einen Heiratsantrag

2. Gabriele hat Angst vor den spießbürgerlichen Erwartungen ihres Ehemannes, die ihrem Bedürfnis nach Selbstverwirklichung, nach der Entwicklung eigener beruflicher und intellektueller Interessen widersprechen. Seine Gründe, Gabriele zu heiraten, erscheinen offensichtlich. Er lebt allein mit seinem Vater zusammen, der Haushalt braucht eine Frau; er hat eine Stelle als Chemiker gefunden, die Ausstattung für einen Haushalt – Wäsche, Geschirr, Besteck – ist vorhanden. Warum also warten?

Gabrieles Hochzeit

3. Nach außen erscheint Gabriele als eine glückliche Braut, der ihre Ängste nicht anzumerken sind. Die Hochzeitsnacht zeigt ihr Be-

Ambivalente Einstellung zur Ehe

dürfnis nach Zärtlichkeit, nach Leidenschaft und den Willen, erobert zu werden – eine Szene wie beim ersten Mal, dem Bad an der Dahme, wiederholt sich. Daran schließt sich übergangslos die kommentarlos wiedergegebene Mittagessensvorbereitung am Morgen danach an: sie nimmt den Kartoffelkorb, „hat angefangen zu schälen, die Triebe, die Augen herauszustechen." (S. 193) Ihr Vorgehen lässt die Aggressivität deutlich werden, die sie nach einer desillusionierenden Hochzeitsnacht ihrem Mann gegenüber empfindet. Der Hass richtet sich aber in gleicher Weise gegen sich selbst, spürt sie doch die Zwänge einer patriarchalischen Ordnung, der sie sich nun unterworfen hat.

4. Gabriele übernimmt nun Familienpflichten, sie führt dem Mann und dem verwitweten Schwiegervater den Haushalt. Ihr Alltag richtet sich nach einem genormten Plan für jeden Wochentag. Daraus resultiert ihre „Angst, sich abhanden zu kommen" (S. 194) wie ihre Mutter und Großmutter vor ihr.

5. Berlin erlebt nach der Währungsreform vom 18. Juni im Westen bzw. dem 23. Juni 1948 im Osten die Blockadepolitik der Sowjetunion und damit eine erste heiße Phase des Ost-West-Gegensatzes. Für Gabriele ist diese Zeit hauptsächlich die des Trockengemüses. Sie ist mittlerweile schwanger und ekelt sich vor dem gedörrten Zeug. Gabriele wird arbeitslos; nach der Währungsreform kann sich auch ihre Zeitschrift nicht mehr behaupten. Sie geht nach der zweiten erfolglosen Ausgabe ein.

Kapitel XIII: Soviel Lächeln auf blassem Fotopapier. 1949/1951

Gabriele wird Mutter

1. Gabriele wird von einer Tochter, Renate, entbunden. In dieser zweiten Geburtsszene des Romans wird eine erste, die der eigenen, in aller Präzision der Empfindungen und Gefühle wiederholt. Die Identität der Situationen spiegelt die Kontinuität der Rollenfindung.

2. Gabriele übernimmt von nun an die Rolle der Mutter. Allerdings kann sie diese Perspektive kaum aushalten, weil sie darin keine Selbsterfüllung findet. Die Spannung zwischen Verantwortung für sich selbst, dem Bedürfnis nach Literatur, nach politischer Information oder theoretischem Studium und den Anforderungen der Familie empfindet sie als unerträglich: „Und mit einemmal spürt sie, daß sie die Rolle nicht durchhalten wird, nicht durchhalten kann: Sorgen statt ICH sagen, Ordnung halten, den Müll wegbringen, von der Erschöpfung geduckt, emsig." (S. 203) An Weihnachten, das mit der ganzen Familie gefeiert wird, bemerkt sie erste Anzeichen für eine zweite Schwangerschaft.

3. Gabrieles Angst davor, die Kontrolle über ihr Leben zu verlieren und in die Rolle der Hausfrau zu versinken, lässt sie in ihren Träumen eine Flucht nach innen antreten, in eine „Glaskugel" schlüpfen, die es ihr erlaubt, sich vollkommen von der Außenwelt zu isolieren.

Flucht nach innen

4. Johannes, einer der jungen Leute aus dem Zeitschriftenprojekt, hat in den ersten Nachkriegsjahren eine anrüchige Karriere gemacht: er ist als Transportarbeiter beschäftigt, wird wegen Diebstahls verhaftet, nach seiner Entlassung gestaltet er seine Wohnung zu einem „Zimmertheater" um. Jörg ist mit ihm zerstritten, seit Johannes ihn wegen seiner materialistischen Einstellung kritisiert hat. Gabriele lädt er zu seiner Brecht-Inszenierung ein und bringt ihr nach der Entbindung dessen Drama „Mutter Courage" ins Krankenzimmer – kein zufälliger Titel.

5. Die wirtschaftliche Situation bessert sich: Gabrieles Vater arbeitet wieder in der alten Transformatorenfabrik. Sie liegt allerdings im Ostsektor, so dass er durch den Wechselkurs im Westen nur ein Viertel des Lohnes erhält, den er verdient. Jörg macht abends Überstunden in seinem Betrieb. Sie können sich mehr leisten: Kleidung und Möbel sind im Gespräch, die Wirtschaftswunderzeit kündigt sich an. Gabri-

„Wirtschaftswunder"

eles Gefühl der Überforderung wird allerdings weder durch Neuanschaffungen, noch durch das umsichtige Betreuen der Kinder oder durch eifriges Putzen der Wohnung ausgeglichen, ganz im Gegenteil. Sie beginnt, heimlich Schlaftabletten zu sammeln.

Tod der Mutter

6. Gabrieles Mutter Susanne stirbt plötzlich an einer Lungenentzündung. Der Vater reagiert verstört auf den Tod seiner Frau, mit der ihn doch so offensichtlich wenig verbunden hat. Er lässt sich mit anderen Frauen ein. Ulrike, Gabrieles jüngere Schwester, will von ihm weg. Sie plant nach Göttingen zu ziehen, um dort zu studieren.

7. Die Schwester will anders leben als Gabriele und ihre Mutter; sie will „was vom Leben haben" (S. 213) und macht damit doch nur deutlich, dass sie mit ihrem Leben „nicht fertig wird" (S. 214). Gabriele kann ihre eigenen heimlichen Ängste, ihre „Todessehnsucht" (S. 213) nicht mitteilen.

8. Bei der Fahrt nach Göttingen am nächsten Tag hat Ulrike einen schweren Autounfall mit einem Mietwagen.

9. Sie liegt in der Nähe von Magdeburg im Krankenhaus; der Rücktransport durch DDR-Gebiet belastet ihren Vater finanziell schwer. Er versucht vergeblich, seinen Schwager anzupumpen Auch Gabriele verfügt über kein eigenes Geld.

Aus dem Arbeitstagebuch zum Roman (III)

III. Abschnitt: Gabrieles Ehe 1946–51

Mit diesem Abschnitt werden die ersten Jahre der Nachkriegszeit zwischen 1946 und 1951 abgeschlossen. Gabriele ist nach ihrer Heirat mit Jörg und der Geburt der beiden Töchter in eine selbstzerstörerische Lethargie geraten. Der Tod ihrer Mutter und der schwere Autounfall der Schwester sowie das spürbare Verkommen des Vaters belasten sie zusätzlich.

Sie hat wenige Kontakte nach außen – der Brief ihres Professors, eine Postkarte von Johannes, eine Benn-Lesung – mehr nicht. Ganz anders dagegen ist die Rolle ihres Mannes, der Chemiker ist und sich als Betriebsrat für seine Kollegen einsetzt. Um positive Rückmeldungen, wie er sie erhält, beneidet ihn Gabriele.

Sie bricht aus der Monotonie des Hausfrauenalltags aus, als sie den Arbeiteraufstand in Ostberlin am 17. Juni 1953 miterlebt. Was sie an Informationen, Gerüchten und Kommentaren aus Ostberlin hört, lässt sie die eigenen Ängste nichtig erscheinen: „Nachrichten von Verhaftungen, von Erschießungen, Schweigen." (S. 222) Gabrieles Wunsch, die engen Grenzen ihres Lebens zu verlassen, zeigt sich, als sie an den Kaimauern der Spree sitzt und die Konturen ihres Körpers im Wasser zerfließen sieht: „Steht neben Anglern, das Gesicht jäh tiefunten, unscharf, schwankend, schwappend wie das Wasser, das sich an den Kaimauern stößt. (…) Wer bin ICH?" (S. 225) Dieser Augenblick bringt eine „jähe Festigkeit", die Auflehnung gegen den Verlust der eigenen Konturen (ebd.). Am gleichen Abend wirft sie die Schlaftabletten fort – sie hat sich dafür entschieden, selbstständig zu leben, was für sie bedeutet, mit ihren Kindern Jörg zu verlassen.

Kapitel XIV: Auf dem Schüttelrost. Kapitel in Briefen. 1954/57

Es vergehen noch eineinhalb Jahre, bevor Gabriele sich tatsächlich von ihrem Mann trennt und mit ihren Töchtern zu Gisela, einer Freundin aus der Zeitschriftengruppe, in die „Heidelandschaft" (S. 199) fährt. Das Geschehen der folgenden zwei Jahre wird ausschließlich durch ihre Briefe, Postkarten, Telegramme und „Kalenderblätter" mitgeteilt – Reaktionen Jörgs werden durch ihre Perspektive gefiltert.

Trennung von Jörg

Gabriele arbeitet in der Werkstatt ihrer Freundin mit und will ihr Studium abschließen. Was sie an der Beziehung zu ihrem Mann vermisst, ist eine Kommunikation, die sich nicht nur auf

Studienabschluss in Göttingen

die Sprache der Körper beschränkt, sie will nicht mehr nur Hausfrau und Geliebte sein. Ihre widerstrebenden Gefühle werden deutlich, wenn sie, zwischen indirekten Vorwürfen und Zuneigung schwankend, schreibt: „In Berlin wäre alles leichter gewesen. Doch da hatte ich niemanden, der mich ermutigte; weil ja solche Arbeit nichts einbringt ... ich habe im Paket nach einem Gruß gesucht. Eigentlich wollte ich dir das nicht schreiben, aber – –" (S. 228f.). Sie schlägt ihm mehrfach die Scheidung vor, ohne dass Jörg darauf reagiert.

Nach Auseinandersetzungen mit Gisela zieht Gabriele im Oktober 1955 nach Hannover und arbeitet in einer Speditionsfirma. Jörg besucht sie zum ersten Mal nach der Trennung. Das Weihnachtsfest verbringen die Kinder mit ihm im Harz, während Gabriele nach Berlin zu ihrem Vater fährt. Er wohnt mit einer Frau zusammen, die er vor der Tochter zu verheimlichen sucht, die Wohnung ist verwahrlost. Gabriele trifft sich mit Johannes und Ruth, den alten Freunden aus der Zeitschriftengruppe, in Ostberlin.

Im April zieht sie nach Göttingen, um sich auf ihre Promotion vorzubereiten. Sie schließt ihre Arbeit „cum laude" ab; nach der anschließenden Feier wird sie vergewaltigt. Paradoxerweise übernimmt sie die Schuldvorwürfe, die ihr der Vergewaltiger als Gipfel der Erniedrigung macht: „Du bist schuld, hat der Mann gesagt, gekeucht, du machst einen verrückt" (S. 244). Selbstvorwürfe werden deutlich, wenn sie schreibt: „Verzeih mir, Jörg, sie wurden wild nach mir. Und ich habe mit ihnen gespielt, mit den Augen, mit der Stimme, mit den Gesten -" (S. 243).

Sie unterschreibt einen Vertrag beim Hessischen Rundfunk, arbeitet in der Kulturabteilung und zieht deshalb nach Frankfurt. Sie hat mit ihren Beiträgen Erfolg, der ihr aber von einigen Mitarbeitern missgönnt wird.

Versöhnung mit Jörg?

Zwei Jahre nach der Trennung verbringt sie Weihnachten zusammen mit ihrem Mann und den Kindern. Sie schläft zum ersten Mal wieder mit ihm. Im Bett erst kann Jörg sich ansatzweise öffnen, von seiner familiären Sozialisation berichten. Dabei versteht Gabriele, wie sehr er an den Kindern hängt und wie wichtig ihre Ehe für ihn ist: „Du hast deine Hand langsam zu mir herübergeschoben. Ich habe deine Hand genommen. Da habe ich jäh gewußt, wie allein du bist." (S. 252) Sie lässt es auf eine neue Schwangerschaft ankommen. Zunächst bemüht sie sich um eine (illegale) Abtreibung, ernsthaft steht diese Alternative für sie aber wohl nicht zur Diskussion. Die Schwangerschaft behindert sie auch nicht in ihrem Freiheitsgefühl, im Gegenteil: „Ich versteh nicht, warum sie sagen, daß eine Frau durch die Schwangerschaft leidet. Ich lebe mit voller Kraft." (S. 260)

Dieser Elan wird durch den Tod von Cornelia abrupt gebrochen. Die Tochter ist in der Schule tödlich verunglückt, Gabriele ist hilflos vor Schmerz und macht sich gegen besseres Wissen Vorwürfe: „Bin ich schuld, ich? Weil ich zuviel wollte? Bin ich schuld, weil ich geschrieben habe: wir sind manchmal sehr glücklich? Darf man das nicht schreiben? Bin ich schuld, weil ich mein eigenes Leben haben wollte?" (S. 261) Für sie gibt es in dieser Situation nur noch den Weg zurück in ihre Ehe. Sie lässt in Frankfurt alles stehen und liegen, fliegt nach Berlin und kehrt in die alte Wohnung zurück. Was sie innerlich dabei empfindet, lassen die letzten Worte dieses Kapitels spüren: „Sehr heiß. Viel zu heiß." (S. 263)

Tod der Tochter Cornelia

Kapitel XV: Defizite. 1957–61

1. Gabriele lebt wieder in den alten Verhältnissen, sie ist für andere da und gibt erneut ihre Freiheit auf. Daher trägt dieses Kapitel den Titel „Defizite". Materiell geht es bergauf: die Familie bezieht eine eigene Wohnung. Für Jörg bedeutet das Geborgenheit, er sieht sich „wohl am Ziel: Eine eigene Wohnung und Bad und

Rückkehr nach Berlin

Küche und Wärme im Winter" (S. 264). Gabriele gibt sich damit nicht zufrieden; sie erinnert sich wieder an die Geschichte der St. Petersburger Demonstration, die ihr die Urgroßmutter erzählte. In ihr findet sie einen Freiheitswillen, der dem eigenen entspricht.

Erneute Enttäuschung

2. Renate ist neu eingeschult; sie wirkt ernst, zurückhaltend. Gabriele bemerkt, dass sie sich immer weiter von ihrer Tochter entfernt, viel zu wenig von ihr weiß. Jörg kann an der Weihnachtsfeier Renates nicht teilnehmen. Wie weit seine Rolle in der Familie und im Betrieb auseinanderfällt, zeigt sich an seinem Begriff des „Menschlichen": „Betriebsratsweihnachten, Schnaps und Kuchen, jemand wird fünfzig. Du verstehst, das Menschliche ist wichtig. Das Baby schläft ja, man kann es allein lassen." (S. 266)

3. Gabriele konzentriert ihr Leben auf die Familie, vor allem auf ihre Mutterrolle. Das politische Geschehen beschäftigt sie am Rande, die erbitterten Auseinandersetzungen in der Öffentlichkeit um die atomare Bewaffnung der Bundeswehr im Frühjahr 1958 – unter dem Motto „Kampf dem Atomtod" ein früher Vorläufer der Außerparlamentarischen Opposition – verfolgt sie in ihren Träumen, ohne in ihrem Alltag bedeutsam zu werden. Sie leidet unter dieser Aufspaltung ihrer Person: „Daß es das gibt: Sich in Bildern zersplittern und sammeln. Daß es das gibt: Vom Schmerz verwundet leben können." (S. 268)

Doppelbelastung: berufliche Selbständigkeit

4. In dieser Situation erhält sie ein Angebot des Rundfunks, als freie Mitarbeiterin Beiträge über die Geschichte Berlins zu liefern. Sie erhält damit auf einem Seitengleis berufliche Chancen, während ihre Freunde gleichzeitig Karriere machen. Mit Jörg gibt es Streit. Er fühlt sich zu kurz gekommen im allgemeinen wirtschaftlichen Erfolg der Bundesrepublik, ist eifersüchtig auf vermeintliche „Männergeschichten" Gabrieles (S. 269) und sieht sie als nachlässige Mutter.

Hausfrau und Mutter

5. Die Arbeit im Haushalt und die Versorgung der Kinder ist mit der Erarbeitung von Manuskripten gekoppelt, dieser Mehrfachbelastung erliegt Gabriele fast. Die Tätigkeitsliste eines Tages ist in allen Details aufgelistet, nicht zufällig erinnert sie sich an „Großmutter und Urgroßmutter" (S. 270). Mit ihren Honoraren können sie sich ein Auto und eine Urlaubsreise in die Rhön leisten.

6. Kontakte nach außen hat sie kaum, die Freunde von früher schreiben selten, neue Bekannte findet sie nicht. Gabriele hat Angst zu vereinsamen, ohne sich dagegen zu wehren zu können.

7. Mit den Kindern besucht sie Ruth und trifft bei ihr Johannes, der als Regisseur im Theater und beim Film Karriere gemacht hat. Die politischen Auseinandersetzungen mit ihm werden schärfer: „West-Berlin ist verloren, sagt Johannes, haltet euch doch nicht an dem fest, was die Freiheit nennen, ihr seid Ami-Vorposten, weiter nichts." (S. 273)

8. Die Beziehung zu Jörg verläuft ähnlich wie vor der Trennung. Er wertet Gabrieles Tätigkeit beim Rundfunk ab, indem er die Honorarsätze kritisiert. Die familiären Schwierigkeiten werden durch politische Krisen verschärft: im Herbst 1958 fordert die Sowjetunion ultimativ die Umwandlung West-Berlins in eine freie und entmilitarisierte Stadt. Nach Ablauf einer Frist von sechs Monaten droht sie mit einseitigen Maßnahmen. Gabrieles Befürchtungen – „Wann hört das auf, daß sie mit uns spielen? Wie finden wir aus diesem Niemandsland heraus? Wir wollen doch nicht kaputtgehen an dem kaputten Deutschland, wir, ich, die Kinder!" (S. 274) – erscheinen in diesem Kontext durchaus berechtigt.

Die Beziehung zu Jörg wird schlechter

9. Die Situation in West-Berlin nimmt an Brisanz zu: die Stadt ist die offene Flanke der DDR, Fluchtweg für die Hälfte aller Flüchtlinge, Schaufenster der westlichen Warenwelt ... Durch die Urlaubsreise in ein schwedisches Urlaubsidyll entzieht sich Gabriele zunächst den sozialen und politischen Konflikten, schlechten Gewissens allerdings.

10. Sie bekommt Schwierigkeiten beim Sender, ihre Beiträge werden aus politischen Gründen abgelehnt, eine Sendereihe mit dem ironischen Titel „Paradiese der Moderne" klingt „links besetzt" (S. 276). Gabrieles Vater sieht den Freiheitsdrang der DDR-Bevölkerung als bloßen „Propagandatrick" des Westens (S. 278). Probleme entstehen auch, weil Renate in der Schule Schwierigkeiten macht – ihre Phantasie lässt sich nur schwer mit der geforderten Disziplin verbinden; sie beteiligt sich nicht mehr am Unterricht.

Mauerbau in Berlin

11. Der politische und wirtschaftliche Druck in der DDR wird immer gewaltiger – der Flüchtlingsstrom schwillt seit dem Frühjahr 1960 an, führt zu Produktions- und Versorgungsstörungen und liefert damit weitere Gründe für eine Westwanderung. Um eine drohende Katastrophe zu vermeiden, sperrt die SED-Regierung im August 1961 die DDR durch den Bau der Berliner Mauer ab. Gabriele erhält damit Aufträge für neue Sendungen, in denen sie versucht, „gegen die Sentimentalität, gegen die zur Phrase heruntergekommene Freiheit an(zu)reden." (S. 279) In dieser Situation hat sie keine Zeit mehr, an die eigenen Lebensdefizite zu denken.

Kapitel XVI: Weil Mann und Frau fremd sind. 1961–67

Private und politische Spannungen

1. Claudias 6. Geburtstag wird zu einem anstrengenden, aber erfüllten Tag, der Gabriele an ihre eigene Kindheit erinnert. Sie scheint sich mit ihrer familiären Situation abgefunden zu haben, wenn sie sich eingesteht: „Sie hat sich eingerichtet. Mit einemmal weiß sie das, weiß auch, daß sie das aushält, daß sie sich angewöhnt hat, das auszuhalten." (S. 281)

2. Sich etabliert zu haben, lässt die Ängste nicht geringer werden. Die Zukunft macht größere Sorgen, wenn die Kinder älter werden und weniger geschützt werden können. Die Beziehung

zu Jörg wird alltäglicher, Zärtlichkeit geht verloren, die Sexualität stumpft ab.
Auch die politische Konstellation wird schwieriger, zwischen innenpolitischen Krisen und außenpolitischen Spannungen fällt es Gabriele schwer, ruhig zu bleiben: „Ende des Algerienkrieges, Kuba-Krise, Spiegelaffäre, Atomversuche, Satelliten, Kennedy und Chruschtschow, Black-Panter und Eskalation des Vietnamkrieges" (S. 286).

3. Von Ludwig, einem früheren Kollegen des Hessischen Rundfunks, erhält sie das Angebot, mit ihm auf Weltreise zu gehen, ein Buch zu schreiben, einen Film zu drehen. Er hat ihre Situation genau erfasst und sagt ihr auf den Kopf zu: „Und Sie haben wohl nie ganz gewagt, Sie selbst zu sein." (S. 289) Sie ist getroffen – ausgewogen und abstrakt fällt daher ihre Antwort aus – „Jede Frau ist ICH und WIR zugleich. Keine Frau kann sagen: ICH DENKE, DAHER BIN ICH, weil jede Frau auch immer die mit den ausgebreiteten Armen ist und SORGEND ERFÄHRT, DASS SIE IST." (S. 290) –, während sich in Gedanken ihr Hass auf die Dominanz der Männer äußert, die sie für ihr reduziertes Leben verantwortlich macht: „Sie kann, will jetzt nicht von dem wütenden Hunger reden, DEM MANN, jedem, das Glied und die Hoden abzubeißen" (ebd.).

Ausbruchs-
möglichkeiten

4. Gabriele ist durchaus nicht abgeneigt, auf Ludwigs Angebot einzugehen. Sie beschäftigt sich mit der Reiseroute, schreibt Internate an, holt Prospekte. Erst als ihr Vater im Sterben liegt, schreibt sie ihre endgültige Absage. Er hat unheilbar Krebs, liegt noch vier Wochen im Krankenhaus und stirbt nach langen Qualen. Gabriele besucht ihn täglich, ihre Schwester Ulrike entzieht sich dagegen der schmerzhaften Situation.

Der Tod des
Vaters

5. Das Begräbnis verläuft schlicht, es gibt kaum jemanden, der zu benachrichtigen wäre – so armselig, wie der Vater gelebt hat, ist auch die Feier. Gabrieles Schwager aus Göttingen geniert sich wegen der Einfachheit der Verhältnisse.

6. Wenig bleibt von einem Menschen nach seinem Tod zurück – die Wohnung des Vaters ist verwahrlost, an wertvollen Gegenständen, nach denen Ulrike sucht, gibt es kaum etwas, lediglich „zwei Kristallteller" findet sie (S. 298). Für Gabriele bleibt ein Brief ihres Onkels Paul aus Petersburg vom Dezember 1904, den sie Renate weitergibt; sonst nimmt sie „ein Knäul Paketschnur und ein Pakethölzchen" mit aus der Wohnung (S. 299).

Aus dem Arbeitstagebuch zum Roman (IV)

IV. Abschnitt: die bleiernen Jahre 1952–66

Die „Wirtschaftswunderzeit" der 50er und 60er Jahre ist mit diesem Tagebuchabschnitt abgeschlossen. Seit Mitte der 60er Jahre beginnt eine außerparlamentarische Protestbewegung durch Demonstrationen auf sich aufmerksam zu machen. Einer der wesentlichen Konfliktpunkte ist die amerikanische Vietnampolitik. Auf die politische wie moralische Fragwürdigkeit des Militäreinsatzes gegen ein kleines Land in Südostasien aufmerksam zu machen, ist vor allem in Berlin nicht einfach. Hier dominieren Zeitungen aus dem Springer-Verlag die Presseszene, die stets behaupten, die Freiheit Berlins werde auch und gerade in Vietnam verteidigt. Demonstrationen gegen die US-Politik werden daher als Angriff auf die Freiheit Berlins verstanden.

Die Studentenrevolte beginnt

Zu einem Eklat kommt es erstmals, als am 5. Februar 1966 2.500 Menschen gegen den Vietnamkrieg demonstrieren. Eine Gruppe von 500 Personen setzt im Anschluss an die Demonstration die US-Flagge vor dem Amerika-Haus auf halbmast; mehrere rohe Eier werden auf das Gebäude geschleudert. Bürgermeister Willy Brandt entschuldigt sich beim US-Stadtkommandanten für diesen Vorfall. Renate ist unter den Demonstranten, von ihrer Mutter wird sie dabei unterstützt, während Jörg, der Manipulation und den Falschmeldungen der

Springer-Presse offensichtlich folgend, ihr Vorwürfe macht, sie und auch Gabriele schlägt. Eine verbale Auseinandersetzung zwischen den Ehepartnern findet danach nicht mehr statt.

Wie ihre Tochter engagiert auch Gabriele sich verstärkt in den politischen Unruhen. Die Studentenbewegung nimmt an Schärfe zu: der Schah-Besuch am 2. Juni 1967 führt zu einem ersten Todesfall, der Student Benno Ohnesorg wird von der Kugel eines Polizisten getroffen. Die anschließende Solidarisierungsbewegung sammelt Zehntausende, die dem Sarg auf dem Weg in seine Heimatstadt folgen. Gabriele ist unter ihnen, um die Stimmungslage aufzufangen und über die Reden von Helmut Gollwitzer und Heinrich Albertz zu berichten.

Benno Ohnesorgs Tod

Kapitel XVII: Wir haben geglaubt, es käme auf uns an. 1968

1. Renate ist durch die Abiturprüfung gefallen. Am Tag danach stellt sie ihre Mutter zur Rede, auch um eine eigene Perspektive zu entwickeln: „Du hättest eine Starjournalistin werden können (…); du hast verzichtet. Unseretwegen? Vaters wegen? Verzeih mir, Mama, ich versteh das nicht! Daß du lebst, als wärst du dir nicht so wichtig, das verstehe ich nicht. Davor habe ich Angst." (S. 308) Gabriele ist nicht in der Lage, sich mit ihrer Tochter auseinander zu setzen – in Gedanken inszeniert sie einen Dialog, der die eigene Position und die Renates gegeneinander abwägt, tatsächlich sagt sie nur: „Komm (…), gehen wir weiter, wir erkälten uns sonst." (ebd.)

Mutter-Tochter-Auseinandersetzung

2. Am 11. 4. 1968 wird der ideologische Kopf der Berliner Studentenbewegung (SDS), Rudi Dutschke, durch ein Revolverattentat lebensgefährlich verletzt. Bundesweit und international kommt es zu spontanen Solidaritätsdemonstrationen. Die Stimmung der Berliner Bürger ist jedoch durch eine systematische Hetzkampagne der Springer-Presse und von rechten Organen wie der „Deutschen Nationalzeitung" aufgehetzt.

Attentat auf Rudi Dutschke

3. Als gäbe es diese aktuellen Auseinandersetzungen nicht, laufen die Berichte über die Weltreise ihres ehemaligen Kollegen Ludwig als Serie im Rundfunk – das wäre Gabrieles Alternative gewesen.

Renates
Politisierung

4. Renate wiederholt ihr Abitur, ihr eigentliches Interesse aber gilt den politischen Unruhen, die auf die ganze Bundesrepublik übergegriffen haben. Jörg versteht die Welt nicht mehr: warum demonstriert eine Nachkriegsjugend, der es doch materiell so viel besser geht als seiner eigenen Generation?

Anlässlich der zweiten Lesung der Notstandsgesetze im Bonner Bundestag finden ab Mitte Mai 1968 Anti-Notstands-Aktionen an zahlreichen Universitäten statt, u.a. auch in Frankfurt. Hier stürmen mehrere Hundertschaften Bereitschaftspoizei die Universität, um eine Besetzung durch die Studenten zu verhindern. Anschließend durchsuchen sie die Räume des SDS-Bundesvorstandes. Gabriele berichtet über die Protestkundgebung, „sammelt Interviews, Reden, sitzt nachher im Wirtshausgarten an der Bockenheimer Landstraße neben Adorno" (S. 311) – kein leichtes Vorhaben in dieser krisenhaft zugespitzten Situation.

Theodor W. Adorno, der während des Dritten Reichs in die USA emigrieren musste, hat dort in den vierziger Jahren Werke wie „Studien zum autoritären Charakter" und „Die Dialektik der Aufklärung" verfasst, in denen er untersucht, welche Kräfte und Gegenkräfte mobilisiert werden können, wenn faschistische Bewegungen an Macht gewinnen. Er gehört damit wie Jürgen Habermas, Alexander Mitscherlich u. a. zu den Vertretern einer „Kritischen Theorie", die der Studentenbewegung in den sechziger Jahren als intellektuelles Leitbild dient. 1968 leitet er als Direktor das Institut für Sozialforschung an der Johann-Wolfgang-Goethe-Universität Frankfurt. Weil er nicht bereit ist, den Wissenschaftsbetrieb durch einen Boykott lahmlegen zu lassen, wird gerade Adorno zum unmittelbaren Gegner der streikenden Studenten. Sie besetzen das Institut, wenig später ruft Adorno die Polizei, um es räumen zu lassen. Für ihn, der sich stets in kritischer Solidarität mit den Studenten gesehen hat, ist eine völlig ausweglose Situation entstanden. Sie spiegelt sich in den Worten des Romans: „nimmt ein Gespräch auf, behält sein Gesicht, das den Sätzen nicht folgt: Trauer, Hilflosigkeit, die sie nicht benennen kann." (S. 311)

5. Nach dem Tod seines Vaters ist Jörg endlich in der Lage, ein offenes Gespräch mit Gabriele zu führen. Er braucht jedoch einiges an Alkohol, um über seine Kindheit und Jugend erzählen zu können: aufgewachsen als Einzelkind, als „Kronprinz" (S. 314) in einem Direktorenhaushalt, in dem Gefühle der Mutter vorbehalten waren, angepasst in der Hitlerjugend. Er erfüllt alle Vorstellungen der Eltern, weigert sich lediglich, Offizier in der Wehrmacht zu werden und enttäuscht damit die Erwartung des Vaters. Ideale, mit denen er nach 1945 die Zukunft gestalten will, hat er rasch durch materielle Werte ersetzt. Gabriele kann ihn nur ansatzweise verstehen, sie fühlt sich von seinem Illusionsverlust bedroht – „Er hat ja recht. Jörg hat recht. Wir haben uns was vorgelogen. Wir haben Ich zu sagen versucht. Ich und Du." (S. 315)

Jörg überwindet seine Sprachlosigkeit

6. Am 21. August 1968 beenden Truppen des Warschauer Paktes den Versuch der Regierung Dubcek in der CSSR, einen eigenen sozialistischen Weg zu verfolgen. Das Scheitern trifft viele Linke im Westen, die im „Prager Frühling" eine Alternative zwischen real existierendem Sozialismus und Kapitalismus sehen.

Kapitel XVIII: Ausmessen, was bleibt. 1969

1. Die alte Freundin Gisela, mittlerweile als Bühnenbildnerin und Künstlerin in New York erfolgreich, kommt nach Berlin, um für eine Operninszenierung zu arbeiten und eine eigene

Ausstellung zu eröffnen. Für Gabriele eine neue, mondäne Welt – aber auch die Kosten werden deutlich: der Erfolg ist mit Einsamkeit erkauft.

2. Renate hat das Abitur im zweiten Anlauf bestanden. Als Anerkennung plant Gabriele eine Reise nach Prag, gemeinsam mit Jörg, Claudia und Gisela. Gleichzeitig ist ein Treffen mit den Freunden Ruth und Johannes aus der DDR geplant. Für Gabriele hat die Reise auch einen beruflichen Grund. Sie bereitet eine historische Sendereihe über „Prag als Zufluchtsort der Berliner in den Befreiungskriegen" (S. 320) vor, will aber auch über das Leben in der Stadt nach dem Ende des Reformkurses berichten.

Prag: Reise in ein besetztes Land

3. Die Anreise ist kompliziert, mit Wartezeiten an den Grenzen und genauen Zeitplänen für die Durchquerung der DDR verbunden. Trotzdem will vor allem Gisela einen Zwischenaufenthalt in Dresden einlegen, um die Orte aufzusuchen, die sie über zwanzig Jahre nicht sehen konnte. Auch in Prag rutscht sie wieder in ihre Jugendzeit zurück. Sie spricht tschechisch, weil ihr Vater in der Zeit des Dritten Reiches häufig Geschäfte mit dem „Protektorat Böhmen" gemacht hat.

Renate sucht nach dem Ort, an dem sich der Student Jan Palach am 16. Januar 1969 aus Protest gegen die sowjetische Besetzung auf dem Wenzelsplatz verbrannt hat. Erstmals ist es seitdem wieder zu großen öffentlichen Demonstrationen gegen die Besatzungsmacht gekommen, so dass die Prager Polizei eingesetzt wird, um mögliche Unruhen von Anfang an zu verhindern. Als Renate eine Münze an dieser Stelle niederlegen will, wird sie von einem Beamten zum Weitergehen aufgefordert.

4. Bei einem ausgiebigen Abendessen kommen die unterschiedlichen Auffassungen der Freunde über Vergangenheit und gegenwärtige Zustände zum Vorschein: Gisela lebt noch von ihren Erinnerungen aus den 30er Jahren, der Sozialismus erscheint ihr nicht lebenswert. Johannes hat sich in der DDR eingerichtet, während Jörg von der „harten Währung" spricht, mit der

Westtouristen in Prag alle Waren erhalten, die den Tschechen unerreichbar sind. Renate identifiziert sich mit Jan Palach, dessen Todesort sie trotz der Proteste ihres Vaters immer wieder aufsucht. Die entstehenden Aggressionen werden nur notdürftig unterdrückt.

5. Der Aufenthalt in Prag verbindet sich für Gabriele mit den Verbrechen der deutschen Besatzungspolitik in der Zeit des Dritten Reichs, die durch Orte wie Theresienstadt und Lidice angedeutet werden. Fotos von Johannes, Ruth und Gisela zeigen im Nachhinein, dass wenig an Gemeinsamkeit über die Jahre gerettet worden ist: „Auf dem Foto wird erkennbar, was sie sich alle nicht haben zugeben wollen." (S. 330)

Kapitel XIX:
Sich rechtfertigen – vor wem?
Sich anklagen – vor wem? 1969–71

1. Sechs Jahre nach dem letzten geschilderten Kindergeburtstag (s. S. 281 ff.) wird erkennbar, dass Claudia sich anders entwickelt als ihre ältere Schwester. Sie will „keinen KakaoundKuchen-Nachmittag mehr" – und sie hat deutlich mehr Interesse am Umgang mit Jungen (S. 331). Gabrieles Rollenverständnis, das so einseitig auf die Familie festgelegt war, wird nun fragwürdig. Ein Traum spiegelt ihr Lebensgefühl: „Von Blättern, die sie umwirbeln, als wäre sie der Baum, dem sie entrissen werden, hilflos eingewurzelt, der verwundete Stamm mit Teer ausgestrichen" (S. 332).

2. Die Situation macht ihr Angst – sie sieht eine Lebenssituation als abgeschlossen an, ohne dass etwas Neues an die Stelle tritt. Ihre Mutterrolle ist vorbei, „sie hat sich auf den Abschied vorbereitet." (S. 334)

3. Ohne Vorankündigung zieht eines Morgens Renate aus der elterlichen Wohnung aus. Sie ist auch nicht bereit, ihre neue Adresse mitzuteilen. Sie will sich dem Einfluss der Eltern entziehen, weder der Unselbstständigkeit ihrer

Gabrieles Rolle wandelt sich

Die Familie bricht auseinander

57

Mutter folgen, noch der autoritären Strenge ihres Vaters unterwerfen.

4. Auch zu Weihnachten meldet sich Renate nicht zu Hause. Gabriele hat ihren Arbeitsplatz im Zimmer ihrer Tochter aufgebaut und entwirft Manuskripte über „die Schneiderrevolution in Berlin 1830" (S. 336). Insgeheim wartet sie auf Nachrichten von Renate, die aber nicht eintreffen. Dagegen kommt Post von ihrer Schwester: Ulrike lässt sich scheiden. Ihr Kollege Ludwig schreibt, dass er zu Silvester in Berlin sein will.

5. Die Beziehung zu ihrem Ehemann bleibt gestört, er bleibt Gabriele fremd. Jörg gibt ihr die Schuld daran, dass Renate ohne Erklärung ausgezogen ist: „Du hast ihr das beigebracht mit der Freiheit" (S. 337). Damit hat er recht: Gabriele hatte anders leben wollen als die Mutter und Großmutter, Renate will auch das Leben der Mutter, die nun doch zum Opfer geworden ist, nicht wiederholen.

6. Gabrieles Frankfurter Kollege hat Selbstmord begangen – wohl wegen eines anderen Mannes, wie die Gerüchteküche im Frankfurter Sender weiß (S. 339). Grundsätzlicher aber dürfte das nicht verarbeitete Verhältnis zu seiner starken Mutter sein.

7. Renate wird 21 Jahre alt und ist damit – nach damaligem Recht – volljährig. Noch immer gibt es keine Nachricht von ihr; für Gabriele wäre sie als Gesprächspartner wichtig, um die familiären Sorgen und die politisch aktuellen Themen durchzusprechen: die Friedensverhandlungen zwischen Nordvietnam und den USA in Paris oder die Foltermethoden der Diktatoren in Griechenland.

8. Zufällig sieht Gabriele in einem der Demonstrationszüge zum 1. Mai, über die sie berichten soll, ihre Tochter in vorderster Front. Renate geht, wenn auch ungern, auf sie zu und teilt ihr endlich ihre Adresse mit.

9. Claudias Freude zeigt sich am deutlichsten: „Sie dreht sich um sich selbst und klatscht in die Hände. Wir haben Renate wieder!" (S. 341)

Jörg kann seine Gefühle nicht zum Ausdruck bringen; er leidet auf seine Weise unter der Abwesenheit Renates, denn er wird noch wortkarger als zuvor und verbringt seine Freizeit mit der Lektüre von Lokalnachrichten und dem Ausfüllen von Kreuzworträtseln. Ihn stören die Feiern zum 1. Mai, die er mit den verordneten Umzügen im Dritten Reich und in der DDR vergleicht. Claudia hakt nach und stellt Fragen über sein Verhältnis zu den Nationalsozialisten. Ihr Vater hat Schwierigkeiten, seine angepasste Haltung zu erklären und schiebt die Verantwortung für nähere Erklärungen der Mutter zu. Es ist schwierig, der Nachkriegsgeneration „die Verführbarkeit" zu beschreiben – vor allem, weil Gabriele selbst wesentlich weniger anfällig dafür war als ihr Mann. Sie versucht daher, mit Hilfe von Büchern Claudia über das System der Konzentrationslager zu informieren.

Jörg im Dritten Reich

10. Wie eine treusorgende Mutter macht sich Gabriele auf, ihre Tochter in der Wohngemeinschaft zu besuchen. Sie packt alles an Lebensmitteln zusammen, was Renate eventuell brauchen könnte, kauft noch Blumen – und nimmt damit eine Rolle ein, die Renate vollkommen ablehnt. Verletzend fällt daher auch ihre Reaktion aus: „Laß die mal drin (...) Wir brauchen keine Geschenke." (S. 344) Gabriele wird zu einem einfachen Essen eingeladen. Sie fühlt sich fremd in dieser Umgebung, erst nach dem Besuch „fällt ihr ein, daß sie mit Renate kaum gesprochen hat." (S. 346)

Mühsame Annäherung an die Tochter

11. Nach ihrem Besuch bei der Tochter ist die Situation für Gabriele schwerer zu bewältigen als zuvor. Eindringlich hat sich gezeigt, dass sie nicht in der Lage ist, ihre Gefühle und Ängste zu äußern, sich mit Renate in einer Weise auseinanderzusetzen, die ihren Gedanken angemessen wäre. Sie erkennt, dass ihre Tochter in vielem ihren eigenen Ansprüchen gleicht und ihre Lebensweise in Frage stellt.

12. Renate ist erneut umgezogen, ohne ihre neue Adresse mitzuteilen. Sie schließt sich of-

Renates politische Aktivitäten

fensichtlich der Hausbesetzerszene an und unterschreibt als presserechtlich Verantwortliche Flugblätter gegen den Vietnamkrieg.

13. Bei einer Versammlung, in der über die Situation der Gastarbeiter in Deutschland gesprochen wird, hält Renate ein Referat, Gabriele will darüber berichten. Die Rede ist nüchtern, sicher und faktenorientiert, im Unterschied zum Beitrag ihres Freundes Joe, der, ebenso wie die folgenden Redner, ideologisches Pathos verbreitet. An den klassenkämpferischen Ritualen wird deutlich, dass sich die Studentenbewegung in diverse Kleinparteien und Gruppen aufsplittert. Die Versammlung wird von der Polizei überwacht, zu einem Gespräch mit Renate kommt es nicht mehr.

Aus dem Arbeitstagebuch zum Roman (V)

V. Abschnitt: die politischen Jahre 1969–77

Die Studentenbewegung der Jahre 68 bis 71 löst sich auf, der Zerfall führt auf der einen Seite zu einer Radikalisierung der Ziele und Lösungskonzeptionen, auf der anderen zu Apathie und Entpolitisierung. Der „Radikalenerlass" vom 28. Januar 1972 verschärft die Situation: mit ihm wird die Zulassung von Bewerbern zum Öffentlichen Dienst geregelt. Vor jeder Einstellung werden Daten bei den Landesämtern oder dem Bundesamt für Verfassungsschutz eingeholt („Regelanfrage"), was für zahlreiche politisch engagierte Studenten bedeutet, dass eine Karriere als Lehrer, Jurist, Sozialpädagoge... im Staatsdienst ausgeschlossen wird. Dies trifft auch für Renate zu, die statt dessen „einen Job in der Schokoladenfabrik in Aussicht hat" (S. 357) Hochfliegende Ideale – „die Welt verändern" (s. S. 307) – wie sie ähnlich auch in der ersten Nachkriegszeit von Gabrieles Gruppe vertreten wurden, brechen sich an der Realität.

In der Familie Gabrieles nehmen die Probleme zu: ihre Schwester Ulrike lebt in Scheidung, sie ist verhärtet und zeigt damit nur, wie schwierig es für sie ist, alleine leben zu müssen. Claudia und Renate gehen je eigene Wege. Jörg hat sich im Betrieb übernommen, er erleidet einen Zusammenbruch und benötigt einen längeren Kuraufenthalt, bei dem ihn Gabriele begleitet. Ihre Entwicklung ist an einem Punkt angelangt, der keine Perspektive aufweist, sie fühlt sich wie abgestorben.. Ihr Traum von einem „kahlen Baum", der „keine Wurzeln" hat (S. 361/S. 332) wiederholt sich.

Jörgs Herzanfall

Kapitel XX: Als sähe sie in einen Spiegel. 1976/77

1. Gabriele hat mit einer Sendereihe über Außenseiter der Gesellschaft – Obdachlose, Drogen- und Alkoholabhängige – großen Erfolg. Sie setzt sie mit dem Interview eines Häftlings fort, dessen Selbstmordversuch nach dreijähriger Untersuchungshaft für Aufmerksamkeit gesorgt hat. Unter den Besuchern, die auf einen Gesprächstermin im Gefängnis warten, trifft sie auch Renate.
2. Sie hat ihren Freund besucht, der „die Geduld verloren hat" (S. 370). Enttäuscht von der offensichtlichen Wirkungslosigkeit der theoretischen Zirkel hat er sich wohl militanten Gruppen zugewandt, die durch illegale Aktionen die Staatsgewalt provozieren wollen – und damit häufig im Gefängnis landen. Renate hält weiterhin zu ihm. Ihrer Mutter wirft sie vor, soziale Ereignisse und politische Situationen nur zu beschreiben und allenfalls karitativ einzutreten. Sie dagegen will die Gesellschaft durch eigenes politisches Handeln verändern und damit auch sich selbst verwirklichen. Gabriele ist nun endlich in der Lage, sich diesen Vorwürfen zu stellen: „Der Satz taugt nicht: Sich selbst verwirklichen. Denn er setzt voraus, daß uns das Leben eigen wäre, Substanz, an der wir, jeder nach seinem Entwurf modeln können. Wer kann das noch, Renate?" (S. 369)

Zweite Konfrontation mit Renate

Jörg muss aufgrund einer Erkrankung vorzeitig in Rente gehen. Das bringt sie vermutlich dazu, die Ansprüche der Emanzipation zu hinterfragen: „Vielleicht haben wir nur den Gegen-Satz vergessen! Den Tod, der die Emanzipation aller wieder aufhebt. Den Tod haben wir vergessen und verdrängt." (ebd) Es kommt zu keinem Einverständnis zwischen Mutter und Tochter, aber beide können nach diesem Gespräch aufeinanderzugehen, Renate teilt ihr die neue Adresse mit, an Claudias Hochzeit teilzunehmen, als Trauzeugin gar, käme ihr aber als Verrat an ihrem Freund vor.

3. Die Bestimmtheit in der Haltung Renates beeinflusst offensichtlich auch Gabrieles Position. Als ihr Bericht über den Untersuchungshäftling in Frage gestellt wird, weil der Titel „Wissen Sie eigentlich, wie allein einer ist, wenn er verachtet wird?" zu sehr nach Kritik am Strafvollzug klingt, setzt sie sich durch. Der Bericht erscheint unverändert und bringt Renate dazu, sich nach seiner Ausstrahlung bei ihrer Mutter dafür zu bedanken.

4. Claudia ist schwanger und heiratet noch vor dem Abitur. Renate schickt aus ihrer Schokoladenfabrik einen Karton Pralinen und Grüße von sich und den Kolleginnen.

5. An der Geburt von Claudias Kind nimmt Gabriele nur aus der Distanz teil, ein deutliches Zeichen für ihre Ablehnung dieser frühen Familienbindung. Sie könnte zwar „von der Besucherkanzel aus zusehen" (S. 373), geht aber lieber ziellos durch die Straßen und denkt mit wenig Hoffnung über die Zukunft nach, in der sie als Großmutter eine neue Rolle einnimmt: „Wozu das alles?" (ebd.)

Alternativen für ein Romanende

6. Am Ende des Romans werden verschiedene Möglichkeiten durchgespielt, um zu einem Abschluss zu kommen. Es ließe sich enden mit

– der unbefangenen Freude der jungen Eltern über ihr Kind, die für Gabriele die Fortsetzung des „Menschenreigens" in der sechsten Generation darstellt;

– der Doppelbelastung von Gabriele als Großmutter und Reporterin, die ihre Manuskripte verfasst, während Claudias Sohn im Kinderwagen neben ihr mit den Händchen spielt;

– dem Betriebsjubiläum ihres Mannes, der sich von seinem Zusammenbruch erholt hat;

– der Begegnung mit Renate, die an ein unbeeindrucktes Publikum Flugblätter gegen die Folter in Argentinien verteilt.

Die Wahl muss der Leser treffen.

3. Die Personen und ihre Beziehungen

1. Gabrieles Emanzipation

> *„Gabriele ist kein „Supermodell", sie hat viele negative Züge: Hilflosigkeit, Kleinlichkeiten, sie kann hassen und wenn sie sich hingibt, fast erfrieren. Sie kann ihre Gefühle oft nicht ausdrücken (...), aber sie verkümmert nicht zum Echo von irgend jemand und sie redet keine Sentenzen nach. Sie, Gabriele, sollte (nach meinem Willen) eine Frau in dieser latenten Emanzipationskrise verkörpern, wie sie die Gesellschaft in unserem Jahrhundert doch langsam verändert."* (Ingeborg Drewitz, Brief v. 4. 9. 1979, in: Titus Häussermann [Hg.]: Ingeborg Drewitz. Materialien zu Werk und Wirken, Stuttgart 1983, S. 107)

Ambivalente Heldin

Ambivalenz ist für die Autorin das wesentliche Stichwort für die Charakterisierung ihrer Protagonistin, deren Psychogramm sie durch Herkunft, Sozialisation und ihre Beziehungen in der Familie wie zu Freunden gestaltet. Zwischen Ängsten und Selbstbewusstein bewegt sich Gabriele schon als Kleinkind. Ihre ersten Worte drücken den Wunsch nach Selbstvergewisserung hier und jetzt aus: „Ich" und „Heute" sind die Begriffe, die sie als erste artikuliert.

Sicherheit in der Großfamilie

Sie wächst in einer geschützten Umgebung auf, einer Großfamilie mit Urgroßmutter, Großeltern, Eltern und Schwester. Die Erziehung gehört zum traditionellen Aufgabenbereich der Frauen, während die Männer in der Familie ein irritierendes Moment darstellen: einesteils faszinieren sie durch ihre Fähigkeit, sich dem Kind großzügig zu nähern wie der Vater während des Grunewaldspaziergangs (s. S. 27f.), andererseits wirken sie unzugänglich und lassen ihre Aggressionen an den Frauen und

Kindern aus. Nicht ohne Grund wird der Name von Gabrieles Vater unterschlagen.

Das Gefühl, in der Familie sicher aufgehoben zu sein, wird aber durch ihre soziale Zwischenlage und die ökonomischen Probleme durchkreuzt. Sie wirken sich vor allem als psychische Belastung für Gabrieles Vater aus: sein geringes Selbstwertgefühl führt zu Verbitterung und Hass – er weist die Schuld an seiner Arbeitslosigkeit nicht dem gesellschaftlichen System oder den ökonomischen Bedingungen zu, sondern sucht die Ursachen in seiner privaten Sphäre, kehrt die Aggressionen gegen sich selbst und die Familie. Schon als Kleinkind wird Gabriele mit dieser Form der Verachtung konfrontiert: in einer besonders bedrückenden Szene, die Sexualität und Gewalt mischt, deren Geräusche wie Gesprächsfetzen unverständlich bleiben müssen, erlebt es sich ohnmächtig dem Kampf der Eltern ausgesetzt – „Vater, Mutter, wer ist das? Kämpfende Stimmen, kämpfende Schattentiere?" (S. 31) – unfähig, sich der Situation entziehen oder sie in irgendeiner Weise zu verarbeiten. Die letzten Worte des zweiten Kapitels – „Sagt nichts. Fragt nichts." (S. 32) – weisen auf das Bedürfnis hin, diese traumatisierende Erfahrung zu bewältigen und auf das Unvermögen von Mutter und Tochter, dies zu tun.

Aggressivität als Folge von Arbeitslosigkeit

Gabriele erfährt die Aggressionen des Vaters nicht nur gegenüber der Mutter, die er schlägt, sondern auch gegen sich selbst gerichtet. Das Verhalten der Mutter, ihr „leises Weinen" (S. 31) steht für ein typisch weibliches Fluchtverhalten. Sie reagiert nicht aggressiv, sondern wendet die entstehende Aggression nach innen. Das Verhältnis der Tochter zum Vater wird damit durch große Fremdheit geprägt. Auch wenn er, wie nach dem Familienkrach an Weihnachten, direkt hinter ihr steht, erlebt sie ihn als von sich getrennt: „Er war weit entfernt von ihr oder sie von ihm." (S. 49) Dem Gefühl der Entfremdung, das Gabriele in ihrer nächsten Umgebung spürt, steht die Ein-

Rückzug der Mutter

heit mit der Natur entgegen. Gabriele identifiziert sich mit dem Baum, den sie mit allen Sin-
nen in sich aufnimmt: sie tastet ihn ab, sieht,
hört, riecht ihn – in dem naturhaften Empfinden des kleinen Kindes kommt das Gefühl des
Einsseins mit der Natur zum Ausdruck: „Ich
bin ein Baum" (S. 28).

**Initiations-
erlebnis**

Gabriele ist ein eigenwilliges Kind, das sich
nicht einfach den Familienstrukturen einfügt,
sondern ihren eigenen Willen durchsetzt. Sie
empfindet sich nirgends richtig zugehörig,
sieht sich als Außenseiter in der Familie, im
Kreis der Gleichaltrigen, im Klassenverband
wie in der nationalsozialistischen Volksgemeinschaft. Ihr Eigensinn wird von den Frau-
en in der Familie, insbesondere von ihrer Mutter und der Urgroßmutter geduldet. Sie stellt,
wie ihr die Urgroßmutter nach dem missglück-
ten Weihnachtsfest erklärt, etwas Besonderes
dar, der Geist ihres Großonkels lebt in ihr weiter. Seine Stärke, sein politisches und soziales
Engagement stecken in der Mutter – die sich
aber diesen Ansprüchen nicht gewachsen zeigt
– und werden nun in ihr wieder lebendig
(s. S. 51 ff.). Damit wird Gabriele aufgefordert,
über das typische Frauenleben hinauszustre-
ben, die Begrenzung ihres Lebens auf die Familie zu überschreiten, und sie erhält das
Selbstbewusstsein, auf dieses Ziel auch zuge-
hen zu können.

In dieser Situation sind alle wesentlichen Momente eines Initiationserlebnisses angelegt,
dessen Struktur vor allem in amerikanischen
Romanen und Kurzgeschichten vorgezeichnet
ist: ein schockartiges Ereignis lässt scheinbar
gesicherte Strukturen in einer handgreiflichen
Auseinandersetzung zusammenstürzen; die
Grausamkeit der Erwachsenenwelt wird mit
schreckenerregender Gewalt fassbar und verhindert eine Rückkehr in die Kindheit, der
langwierige Weg der Persönlichkeitsentwicklung wird durch Ratschläge eines erwachsenen
Initiationshelfers begleitet. Gabriele will sich
in kindlicher Schutzsuche nach außen ab-

schließen, um dem Schock des Familienkonflikts zu entgehen; durch das Vorbild ihres Großonkels erfährt sie einen Weg, wie sie ihr Leben sinnvoll gestalten kann. Als Mentorin vermittelt die Urgroßmutter ihrer Enkelin auf dem Weg zur Selbstfindung Verhaltensmaßregeln, deren Bedeutung durch die Bilder im Fotoalbum dokumentiert wird.

Das ambivalente Verhalten Gabrieles wird in schwierigen Situationen immer wieder aufscheinen: sie versucht, Belastungen zu entgehen, indem sie sich träumend in eine „gläserne Kugel" zurückzieht und von der Außenwelt isoliert (s. S. 204f.); sie wird durch das St.-Petersburg-Erlebnis aus dieser destruktiven und latent selbstmörderischen Vorstellung gerissen und auf eine aktive, lebenspraktische Bewältigung des Alltags – und das heißt auch, sich einzumischen und an der Veränderung politischer und gesellschaftlicher Veränderungen mitzuarbeiten – verwiesen. Symbolisch gibt sie diese Erfahrung an ihre Tochter Renate weiter, wenn sie ihr nach dem Tod des Vaters den Brief ihres Großonkels Paul überreicht.

Rückzug nach innen

Gabriele erfährt damit ein Leben in Widersprüchen: sie lässt sich nicht zur Anpassung zwingen, weil sie die Umwelt mit wachem, kritischem Auge sieht, lernt, sich dem System zu widersetzen, der Gleichschaltung durch intellektuelle Unabhängigkeit zu begegnen – sie erkennt: auch die Anbiederung an den Faschismus hilft nicht aus der sozialen Not. Mit Gleichaltrigen hat sie wenig Kontakt. Die Einbindung in den materiell unterprivilegierten, politisch unzuverlässigen Familienclan steht dem Umgang mit Peergroups im Wege.

Ein unangepasstes Kind

Gabriele weiß, dass sie anders ist, auf die grausamen Spiele der Kinder sensibel reagiert, den Reden von der großen Volksgemeinschaft nicht traut. Aber sie tut sich schwer damit, in der faschistischen Gesellschaft ihren eigenen Weg zu finden. Die Olympiade erlebt sie, als sie an einer Massengymnastik teilnimmt und sich damit als Teil einer Gemeinschaft erfährt, die sich nach den Anweisungen aus den Lautsprechern bewegt. Irritiert wird ihr Zugehörigkeitswunsch zunächst beim Begräbnis ihres Großvaters. Ihre Zweifel an dem Gemeinschaftserlebnis auf dem Maifeld werden durch den Satz „Vielleicht stimmt das gar nicht mit dem WIR" ausgedrückt. Sie werden zur Gewissheit, wenn es heißt: „Aber wenn alles aufhört, zählt das nicht, das auch nicht. Wenn alles aufhört, BIN ICH GANZ ALLEIN!" (S. 81)

Gleichschaltung Ihr Eintritt in den BDM ein Jahr später ist nur mehr der kläglich scheiternde Versuch, dem Alleinsein zu entkommen. Es ist weniger ein politischer Schritt als der pubertäre Trotz den Eltern, vor allem der Mutter gegenüber, die das nicht erlauben will. Hitler-Deutschland beansprucht die totale Kontrolle des Staates über jeden einzelnen im gesellschaftlichen und institutionellen System. Erziehung gehört zu den zentralen Gebieten, auf denen die Nationalsozialisten seit 1933 die Gleichschaltung aller Menschen und Organisationen betreiben. Das Ziel ist ein doppeltes: es geht darum die Jugend zu indoktrinieren und so den langfristigen Fortbestand der Macht zu sichern. Individuelle Erfahrungen von Jugendlichen, abgekoppelt von der Kontrolle des Staates, sollen ausgeschlossen werden. Aus dieser totalen Erfassung des Alltagsleben wird auch verständlich, wie im Leben von Gabriele selbst die intimsten Erlebnisse stets mit den politischen und sozialen Ereignissen verkoppelt sind

Untypisch dagegen verläuft ihre weitere Karriere im BDM. Nach der Reichspogromnacht 1938 meldet sie sich wieder ab, auch das, ohne damit mehr als ein allgemeines Ekelgefühl gegenüber den nationalsozialistischen Schlägertrupps auszudrücken und auch ohne dafür politische Konsequenzen zu erfahren.

Weibliche Identitätssuche Schwierigkeiten, ihre eigene Rolle zu finden, hat Gabriele in dieser Zeit als gesellschaftliches Wesen wie als Frau. Sie lernt tastend ihren Körper kennen, kann sich nicht als Frau vorstellen, die ein Kind auf die Welt bringt, fühlt, dass die Blicke in der Straßenbahn ihr als heranwachsender Frau gelten. Dass sie sich in dieser Rolle nicht akzeptieren kann, wird deutlich, wenn sie „Neid" spürt „auf die Jungen, die sich nicht hinhocken müssen beim Pissen" (S. 90). In dieser Atmosphäre von Misstrauen und Selbstzweifel sucht Gabriele ihre Identität zu finden. Sie weiß nicht, wohin sie gehört und erträumt sich eine „Zwillingsschwester", die im Atlas die Städte bereist, „in denen Onkel Paul gearbeitet hat" (S. 91).

Durch das Vertrauen ihrer Lehrerin wird sie in eine Gruppe der Bekennenden Kirche eingeführt und lernt den Jungen kennen, durch den sie davon überzeugt wird mitzuhelfen. Sie verliebt sich in ihn, ohne dieses Gefühl unbeschwert genießen zu können. Selbst als sie das erste Mal mit ihm schläft, steht dieser Augenblick im Schatten der politischen Ereignisse. Bereits in den Armen ihres Freundes reflektiert sie den Zustand der Welt – es ist dieser Generation offensichtlich nicht vergönnt, einen intensiven Augenblick zu genießen, ohne an die Ereignisse zu denken, die um sie herum geschehen. Verschärft wird die Situation für Gabriele noch dadurch, dass sie nicht in der Lage ist, ihre erste sexuelle Erfahrung in Gedanken und Empfindungen nachzuleben, zu verarbeiten oder zu genießen. Als sie nach Hause kommt, ist der Vater abgeholt worden. Sie wird in die Verantwortung genommen und muss als „Erwachsene" reagieren – „Der Nachmittag, der Abend sind ganz unwichtig, eine Filmszene, ein Stück anderes Leben." (S. 113)

Diese Verkoppelung von individueller und gesellschaftlicher Existenz gilt jedoch nicht nur während der Zeit des Dritten Reiches. Die Dynamik setzt sich auch in den Jahren der Bundesrepublik für Gabriele fort, ohne hier jedoch eine ähnliche Stringenz aufzuweisen; das Zusammenspiel von privatem Leben und politischer Entwicklung erscheint eher gesucht. So stellt das Zusammentreffen mit Menschen, die sich am 17. Juni 1953 gegen die Repression des

Die erste sexuelle Begegnung

Privates und gesellschaftliches Schicksal

69

DDR-Staates und die Panzer der sowjetischen Armee zur Wehr setzen, einen wesentlichen Faktor für die Entscheidung Gabrieles dar, aus ihrer selbstzerstörerischen Lethargie auszubrechen, der Angst, die eigene Persönlichkeit im Ehealltag zu verlieren. Auf die Frage „Wer bin ICH?" (S. 225) spürt sie jene plötzliche Festigkeit, die sie dazu veranlasst, die Schlaftabletten wegzuwerfen, um sich für ein selbstständiges Leben zu entscheiden und ihren Mann zu verlassen.

Auch ihr zweiter Bewusstwerdungs- und Emanzipationsprozess wird durch politische Ereignisse initiiert: die Aktionen der Studentenbewegung im Berlin der sechziger Jahre veranlassen sie dazu, sich selbst in ihrer Arbeit als Reporterin stärker für Außenseitergruppen in der Gesellschaft zu engagieren, gegen Zensurmaßnahmen zu wehren und die politischen Aktivitäten ihrer Tochter mit Sympathie zu verfolgen – all das in völligem Gegensatz zu ihrem Ehemann.

Flucht in die Ehe Mit ihm verbindet sie wenig – warum sie gerade ihn als Partner wählt, lässt die Autorin offen. „Warum eigentlich nicht" ist ihre Antwort auf den Heiratsantrag von Jörg (S. 188), von Liebe ist keine Rede. Gründe für ihre Entscheidung werden lediglich angedeutet. Vorstellbar wäre, dass sie, die im Dritten Reich alle Energien aufbieten musste, um dem Druck des Systems standhalten zu können, jetzt unter demokratischen Vorzeichen Kopf und Körper zu ihrem Recht kommen lassen, „das Denken und Tun und Fühlen in Beziehung bringen" will (S. 188). Ihr lange aufgestautes Bedürfnis nach einer sexuellen Beziehung, „dem fiebrigen Begehren" (ebd.), fünf Jahre nach ihrem ersten Liebesabenteuer, würde nun eingelöst. Als Fluchtpunkt könnte diese Ehe auch vor dem Hintergrund einer zunehmenden Perspektivlosigkeit Gabrieles erscheinen. Das Scheitern des Zeitschriftenprojektes zeichnet sich ab, als mit der Währungsreform der Absatz stagniert. Damit zerrinnt für sie die Utopie einer Veränderung der gesellschaftlichen Verhältnisse. Die

Ehe mit ihren alltäglichen Ritualen scheint dagegen wie ein Rettungsnetz vor dem endgültigen Fall ins Nichts zu wirken.

Die Autorin lässt hier eine Leerstelle im Verständnis von Gabriele entstehen, die der Leser füllen muss. Ganz einleuchten will ihm Gabrieles Entscheidung nicht – ausgerechnet sie, die konsequent anders leben wollte als die Frauen in ihrer Familie: „nicht so werden wie Vater und Mutter, von täglichen Auseinandersetzungen und Sorgen verbraucht, von Dreck und Windelgeruch und halber Schuld, der eine vor dem anderen" (S. 180), geht mehr oder weniger beiläufig eine Ehe ein, die exakt die von den Eltern vorgelebte Rollenverteilung wiederholt.

„Leerstelle" im Verständnis Gabrieles

Zur Entschuldigung Gabrieles lässt sich anführen, dass ein positives Gegenkonzept auch kaum zu finden ist, weil in der Zeit des Nationalsozialismus die gesellschaftlichen Bedingungen für ein Frauenleben ohne traditionelle Rollenspezifik nicht gegeben sind. Erst die direkte Nachkriegszeit lässt für einen kurzen Moment Perspektiven und Hoffnungen entstehen, in denen sie ihren Widerstand gegen ein traditionelles Rollenkonzept formuliert: „Ich möchte, daß es auf mich ankommt. Daß ich niemand verletze, niemand verachte, niemand hasse. Sätze, die Utopie beschreiben." (S. 170)

In dieser Ehe findet Gabriele – und das wird das einzige Bindeglied zwischen den Partnern bleiben – ihre sexuelle Leidenschaft, befriedigt. Schon in der Hochzeitsnacht wird Gabrieles gespaltene Haltung gegenüber der Ehe deutlich: sie fürchtet sich vor der Endgültigkeit der Beziehung, die sie eingegangen ist und sehnt sich zugleich nach der körperlichen Vereinigung: „Gabriele hält die Hände gespreizt vor die Brüste. Friert. Weil nun alles so endgültig ist. Weil sie nicht wahrhaben will, daß ihre Brüste spannen, ihre Hüften sich vorschieben." (S. 192) Sie kann ihre Sexualität nur schwer akzeptieren und fühlt einen unversöhnlichen Widerspruch zwischen ihren Ansprüchen nach Selbstverwirklichung und ihrem körperlichen

Gespaltene Haltung gegenüber Ehe und Sexualität

Verlangen. Diesen Konflikt findet sie unerträglich, denn sie hat Angst vor der Bindung ihrer
Lust an Unterwerfung und Zerstörung:
Sie leidet an ihrer Neigung zum Masochismus
und fürchtet die Ehe, die für sie bedeutet, ihr
Ich aufzugeben. Halt und Geborgenheit findet
sie in dieser Beziehung – um den Preis allerdings ihrer Selbstachtung. Die Autorin
schreibt dazu:

> „Gabriele ist in der Tat verbraucht, nicht nur
> von dem Mann, der sie nicht versteht, sondern
> auch von der so schwer einzuordnenden sexu-
> ellen Bindung, die sie zweifellos zu Jörg hat
> (die einzige Bindung der beiden). Das heißt al-
> so, daß Sexualität und Eros, von der Ratio
> nicht erfaßbar, für die Freiheit/Unfreiheit der
> Frau mit zu bedenken sind." (Ingeborg
> Drewitz: Brief vom 22. 12. 1978, in: Titus Häus-
> sermann, a. a. O., S. 100)

Aggressive Phantasien Gabrieles

Die Angst vor einer unwiderstehlichen sexuellen
Anziehungskraft des Mannes schlägt in aggressive Phantasien um, wenn Gabriele gezwungen
wird, sich mit Alternativen zu ihrem reduzierten
Familienleben auseinanderzusetzen. Sieht sie
sich in die Enge gedrängt, wird deutlich, wie zer-
störerisch ihre Lust ist. Explosiv entlädt sich diese Spannung während eines Gesprächs mit ihrem
Kollegen Ludwig, der sie dazu auffordert, ihn auf
einer Weltreise zu begleiten und damit aus ihren
einengenden Strukturen auszubrechen. In einem
inneren Monolog zeigen sich die sadistischen An-
teile ihrer Sexualität: „Sie kann, will jetzt nicht
von dem wütenden Hunger reden, DEM
MANN, jedem, das Glied und die Hoden abzubeißen, von der GIER, IHN, jeden, ganz zu be-
sitzen, seinen Samenvorrat aufzunehmen und
IHN zu zerstören." (S. 290)
Sexualität ist so in unterschiedlicher Variation
ein entscheidender Faktor für die Charakterisierung Gabrieles: die Neugierde des Mädchens
für den eigenen Körper (s. S. 88) wird durch das
Bedürfnis nach Sexualität abgelöst, das „Verlangen nach Hautwärme, nach den Berührun-

gen von Fingerkuppen, nach dem Biß in die Brüste, nach dem fiebrigen Begehren" (S. 188). Es changiert zwischen masochistischen und sadistischen Bildern, schließt auch – wenn auch nur mit einer leisen Andeutung – eine lesbische Beziehung ein (s. S. 232), wird durch den Ekel vor dem eigenen Körper während der Menstruation konterkariert und bleibt doch häufig auf eine prüde, klischeehafte Beschreibung begrenzt. Gabriele überträgt ihre ambivalenten Gefühle auf Jörg: sie braucht ihn, weil ihre sexuelle Leidenschaft sie an ihn bindet, und sie hasst ihn, weil sie außerhalb der Sexualität keine Gemeinsamkeit mit ihm entdeckt. Bei der Wahl ihres Partners hat sie das eigene Selbstverständnis aufgegeben und erkennt nun die Defizite in ihrer Beziehung. Was sie vermisst, ist eine Kommunikation, die sich nicht auf die Sprache der Körper beschränkt. Sie möchte ihren Mann verstehen und von ihm verstanden werden, sich ihm mitteilen, nicht nur Hausfrau und Geliebte sein. Sie will seinen Panzer aufbrechen, den er sich mit seiner Neigung zum Berechenbaren, seiner Suche nach materiellem Wohlstand aufgebaut hat. Sie leidet unter der Isolation vom intellektuellen Leben, liest Gide, Sartre und Camus, Auden und Benn, wenn sie abends noch dazu kommt, ohne in ihrem Mann einen Gesprächspartner zu finden.

Ambivalente Bindung an Jörg

Sie erkennt, dass sie in dieser Ehe immer weiter in ihren Ansprüchen reduziert wird, „sie schämt sich, weil sie mit offenen Augen zusieht, wie sie immer kleiner wird von Tag zu Tag, von Jahr zu Jahr." (S. 203) – ohne sich aber dagegen zu wehren. Erst in den Briefen, die sie aus Westdeutschland an ihren Mann schreibt, wird deutlich, was sie an der Beziehung stört: „Jörg. Ich hätte so gern einmal Du gesagt, gewußt, gefühlt. (…) Nein, ich werf dir nichts vor. Ich werf mir vor, daß ich mich nicht gewehrt habe. Daß ich vor dir gekniet habe, auf dir gelegen, daß ich verrückt war nach dem Mann, nach dem Körper. Ich werfe mir vor, daß ich mir einzureden versucht habe, das sei alles." (S. 227)

73

Sprachlosigkeit

Der Roman ist durchzogen von Kommunikationslosigkeit; es gibt zahlreiche Beispiele, wo entweder aus Rücksicht oder aufgrund entgegengesetzter Meinungen geschwiegen wird. Die Beziehung zwischen den Partnern besteht zum großen Teil aus inneren Monologen, die nicht mehr nach außen dringen. Der verbale Kontakt ist auf ein Minimum begrenzt, das Vokabular beschränkt sich auf wenige, bedeutungsschwangere Worte. In einem fast autistischen Verhalten bewegen sich die Personen auf ihrem je eigenen Territorium – so paradigmatisch die Situation, als Gabrieles Vater sich entschieden hat, der NSDAP beizutreten. Susanne kann nur noch als fait accompli akzeptieren, was ihr völlig zuwider ist: „Als ihr Mann plötzlich in der Küche steht und sagt: Ich geh jetzt. Ich mach das gleich, und sie noch das Mus rührt, Dampf im Gesicht, kann sie gar nicht so rasch antworten. Und was auch?" (S. 63)

Geschlechtsspezifische Varianten

Obwohl Schweigen als stiller Protest gewertet werden könnte, häufig als Waffe von Frauen früherer Generationen benutzt, wird hier ihre Angst deutlich, die Sicherheit der Familie zu zerstören. Die Unfähigkeit, sich auszutauschen und miteinander ins Gespräch zu kommen, ist ein kennzeichnendes Moment in dieser Familie. Eine tiefe Kluft besteht zwischen den Ehepartnern wie zwischen den Generationen. Dabei werden jedoch geschlechtsspezifische Varianten deutlich: während die kommunikative Basis zwischen den Ehepartnern völlig zusammengebrochen ist, wird sie zwischen den Frauen häufig durch symbolische Handlungen ersetzt. Eine wortlose gegenseitige Unterstützung prägt die Beziehung zwischen Gabriele und ihrer Mutter – „Mutter hat ihre Hände genommen und hält sie so fest, als wollte sie sie nicht mehr loslassen." (S. 134) – ebenso wie später zu ihrer Tochter (s. S. 340f.).

Männer reagieren aggressiv

In ihrer Sprachohnmacht neigen die Männer häufig zur Gewalttätigkeit, ein Verhalten, das ihrem traditionellen Dominanzwunsch entspricht, unabhängig offensichtlich von einem

74

gleichzeitig intensiv betriebenen sozialen Engagement, etwa im Falle von Jörg. Der Bruch zwischen privatem und öffentlichem Leben wird verschärft noch durch die geschlechtsspezifische Rollenzuweisung. Unreflektiert gilt in den fünfziger Jahren das alte Bild von der Frau in Familie und Haushalt fort – auch wenn Frauen in den Kriegs- und Nachkriegsjahren das wirtschaftliche und soziale Leben maßgeblich mitgestalten. Es erhält sogar juristische Bedeutung, wenn 1952 das „Gesetz über die Gleichberechtigung von Mann und Frau" in § 1356 festhält: „Die Frau führt den Haushalt in eigener Verantwortung. Sie ist berechtigt, erwerbstätig zu sein, soweit dies mit ihren Pflichten in Ehe und Familie vereinbar ist."

Erst in der Trennung von ihrem Ehemann findet Gabriele zu den Zielen zurück, die sie für die eigene Identität definiert hat. Als negatives Modell eines Frauenlebens dient ihr die Mutter, deren Rolle sie schon als Sechzehnjährige nicht nachahmen will: „Sie sieht heute zum ersten Mal, wie erschlafft das Gesicht der Mutter ist. (...) Seit heute morgen fühlt sie sich schuldig vor der Mutter, weiß, daß die auf ihr Leben verzichtet hat (...) Seit heute morgen ist sie entschlossen, der Angst nicht nachzugeben, daß sie auch einmal so verloren gehen könnte." (S. 103 f.)

Frauen reagieren regressiv

Nach dem Tod ihrer Mutter erkennt Gabriele, dass sie damit auch ein Stück eigener Identität verloren hat. Sie stellt fest: „Nicht mehr Ich sagen können" (S. 212) und zieht sich in ihre innere Isolation zurück. Einen Ausweg aus dem deprimierenden Widerspruch von familiärer Unterordnung und dem Wunsch nach Selbstverwirklichung findet Gabriele, indem sie den absoluten Bruch wagt, sich von ihrem Mann trennt und mit den Töchtern zu ihrer Freundin Gisela fährt. Während ihres Lebensabschnitts in Westdeutschland entwickelt sie eigene berufliche Interessen und schöpferischen Fähigkeiten. Sie wird zu einer selbständigen, emanzipierten Frau, die in ihrer Karriere als Rund-

Zeit der Selbstbestimmung

75

funkjournalistin und als Mutter von zwei Töchtern Erfüllung findet.

Die Briefe an Jörg lassen jedoch spüren, dass sie in einem Zwiespalt lebt, Studium, Promotion und Beruf nur als einen Teil ihrer Identität empfindet. Sie will ihre Ehe nicht aufgeben, auch wenn sie Jörg mehrfach die Scheidung anbietet, und sie hat gleichzeitig Angst davor, in der Beziehung mit ihm die Autonomie ihres Handelns wieder aufzugeben. Beides zeigt sich in ihrer Einstellung zur erneuten Schwangerschaft: sie denkt lange über eine Abtreibung nach, ohne sie ernstlich realisieren zu wollen. Sie freut sich auf eine neue Mutterschaft, obwohl ihre Karriere in der Rundfunkredaktion und ihre persönliche Entwicklung dadurch eingeschränkt werden. Verantwortungsbewusstsein und emotionale Abhängigkeiten werden für sie in gleicher Weise bedeutsam wie der berufliche Aufstieg und die Selbständigkeit.

Schuldgefühle Gabrieles Rückkehr nach Berlin ist durch den Tod ihrer Tochter verursacht, für den sie sich wider besseres Wissen verantwortlich fühlt. Die Schuldgefühle belasten ihr Leben und veranlassen sie dazu, ihre Wünsche nach autonomer Entfaltung, nach Individualisierung und persönlicher Anerkennung in den Hintergrund zu schieben. Angst wird erneut zu einer Begleiterscheinung von Gabrieles Identitätsentwicklung, Angst davor, ihr Leben nicht mehr selbst bestimmen zu können und zurück in die Rolle der Hausfrau zu versinken. Die Beziehung zu Jörg verläuft negativ wie vor ihrer Trennung, Sexualität spielt weiterhin die größte Rolle zwischen beiden, entwickelt sich aber zu einer lustlosen Routine. Gabriele bemerkt, dass „Jörgs Vorspiele kürzer werden, er rabiater zustößt und schneller erschlafft und sie beide ohne Umarmung nebeneinander einschlafen." (S. 286) Auch die berufliche Tätigkeit stößt auf Widerstand, denn ihre Beiträge gelten als linkslastig. Gabrieles Angst führt zu Depressionen und zu erneuter Todessehnsucht, die sie zu verdrängen sucht.

So konzentriert sie ihr Leben auf die Familie, vor allem auf die Töchter, und spezialisiert sich auf historische Themen, die Geschichte der Berliner Stadtteile (S. 285) oder die Siedlungspolitik Preußens (S. 271). Ihre Recherchen über das 19. Jahrhundert führen sie direkt in die aktuellen Auseinandersetzungen, der Weg von der Beschäftigung „mit kaum bekannten Aufständen der europäischen Geschichte" zu Sendungen „über die Obdachlosenasyle und über die Drogen- und Alkoholszene am Bahnhof Zoo" (S. 362f.) ist nicht weit. Das eine ist ohne das andere nicht vorstellbar – „Sie wundern sich, daß ich mich mit Stadtteilgeschichte befasse? Glauben Sie denn, daß wir ohne Vergangenheit leben können?" (S. 285) –; der Romantitel wird in dieser Replik direkt aufgenommen und verweist auf die Notwendigkeit, sich aktiv mit der Geschichte Deutschlands auseinanderzusetzen.

Freie Mitarbeiterin beim HR

In dieser politischen Orientierung findet Gabriele wieder zu sich selbst. Letztlich gelingt es ihr, den Beruf als Reporterin mit ihren Verpflichtungen als Mutter in Einklang zu bringen.

Auch für die Auseinandersetzung mit ihrer Tochter Renate ist diese Arbeit wesentlich. Bei aller Entfremdung zwischen Mutter und Tochter bleibt doch das Engagement Gabrieles ein tragfähiges Band.

Gespräch mit Renate

Gabrieles früherer Drang nach Selbstbehauptung lebt in ihrer Tochter fort. Die Mutter hat ihn selbst angelegt, wenn sie in ihrer Erziehung „Verweigerung" statt „Anpassung" Priorität gibt (S. 235). Grund dafür dürfte die Absicht sein, ihrer Tochter eine ähnliche Eigenwilligkeit zuzubilligen, wie ihr selbst von ihrer Mutter gestattet wurde. Mehr noch, sie will, dass Renates Selbstbewusstsein weiter reicht, sie weibliches, privates und politisches Bewusstsein als identitätskonstituierende Bereiche verbindet.

Erziehung zur Eigenständigkeit

Die Unfähigkeit der Mutter, ihre Ansprüche auf eine neue Identitätsform erfolgreich zu bewältigen, verunsichert die Tochter. Renate will nicht in die gleiche Abhängigkeit abrutschen, durch die sie die Fähigkeiten ihrer Mutter begrenzt sieht. Gabriele dagegen kann sich mit den Problemen ihrer Tochter identifizieren, sie erkennt in ihrem Verhalten die Wiederholung des Kreislaufs von Mutter und Tochter: die Mutter gibt ihre Lebenshoffnungen an die Tochter weiter, und die Tochter sieht in der Mutter das negative Modell.

Vorwürfe Renates

Für Renate hat die Mutter versagt, sie hat sich nicht gegen die Ansprüche ihres Mannes durchgesetzt und ist auch in ihrem Engagement nicht weit genug gegangen: während Gabriele politische Ereignisse, soziale Situationen nur beschreibt und allenfalls karitativ hilft – in der Unterstützung politisch Verfolgter im Dritten Reich, der Betreuung von Strafgefangenen oder dem Einsatz für Gastarbeiter –, greift Renate aktiv ein, will die Gesellschaft durch eigenes politisches Handeln verändern. Sie verlässt die traditionelle auf Mutterschaft und Familie eingestellte Frauenrolle völlig, löst sich aus dem bürgerlichen Lebens- und Karriereschema und ist bereit die Konsequenzen ihres politischen Handelns zu tragen. Sie gehört der achtundsechziger Generation an, die ihre Eltern, in erster Linie ihren Vater, ablehnt.

Gabrieles fatalistische Botschaft

Zum ersten Mal kommt es am Ende des Romans zu einem längeren Dialog zwischen Gabriele und Renate, in dem die Mutter ihre Version einer Verantwortungsethik formuliert. Sie versucht zu erklären, dass Selbstverwirklichung auf Kosten anderer gehe, nicht egozentrische „Ellbogenfreiheit", sondern „Verantwortung" für andere das Ziel der persönlichen Entwicklung sein müsse:

„Weißt du, was das ist: ein Ich? Du forderst es. Ich habe es zu leben versucht! (...) Aber das Wort taugt nicht: Ich. Der Satz taugt nicht: Sich selbst verwirklichen. Denn er setzte voraus, daß uns das Leben eigen wäre, Substanz, an der wir, jeder nach seinem Entwurf, modeln können." (S. 369)

Gabriele ist durch den Unfalltod ihrer Tochter Cornelia zutiefst geprägt. Durch ihn erkennt sie, wie machtlos sie dem Tod gegenübersteht; sie hat das Gefühl, damit auch die Kontrolle über das eigene Leben zu verlieren. Ihre zunächst unverständliche Schuldzuweisung – „Bin ich schuld, ich? Weil ich zuviel wollte? (...) Bin ich schuld, weil ich mein eigenes Leben haben wollte?" (S. 261) – lässt das Scheitern ihres Selbstfindungsprozesses deutlich werden. Die Rückkehr zu ihrem ungeliebten Mann und damit auch der Karriereverzicht ist Ausdruck dieser resignativen Lebenshaltung. Aus ihr spricht aber auch die Verantwortung der Familie und den Mitmenschen gegenüber – diese Rolle hält sie nun aus, ohne Bitterkeit zu empfinden.

Gabrieles Lebenseinstellung, das zeigt dieser Dialog, lässt einen fatalistischen Grundzug erkennen. Sie glaubt nicht mehr an die Freiheit des einzelnen, das Leben selbst gestalten zu können; ihre Lebenserfahrungen haben die jugendlichen Ideale und Hoffnungen zerstört. Renate will sich auf diese Erkenntnis nicht einlassen; sie setzt der resignativen Haltung ihrer Mutter einen allseitigen emanzipatorischen Anspruch entgegen: „Wir arbeiten für die Emanzipation aller." (S. 369) Mit diesem wenig differenzierten idealistischen Ansatz ist ihr Scheitern vorprogrammiert; am Ende des Romans steht sie in einem Kaufhauseingang und verteilt erfolglos und unbemerkt Flugblätter gegen Folter in Argentinien.

Abgrenzung Renates

2. Fünf Frauengenerationen

In Ingeborg Drewitz' Roman wird das Leben von Frauen über fünf Generationen verfolgt, damit zugleich eine Geschichte der Emanzipation der Frau und der sich wandelnden Rollenerwartungen entworfen. Diese Familienchronik macht deutlich, welchen Zwängen Frauen in der Familie und in der Gesellschaft ausge-

Emanzipations- geschichte

setzt sind, wie sich aber auch ihre Handlungsmöglichkeiten ausweiten. Weitgehend hat die Autorin dabei auf die Geschichte ihrer eigenen Familie zurückgegriffen.

Die Urgroßmutter

Außenseiterstatus

Der Roman beginnt mit der Perspektive der Urgroßmutter, die aus dem Nebenzimmer verfolgt, wie ihre Enkelin Gabriele zur Welt bringt. Sie ist ein Fremdkörper in dieser Familie, als Urgestein aus der ersten Hälfte des vergangenen Jahrhunderts nimmt sie die aktuellen Alltagsprobleme nur noch am Rande wahr. Sie erhält in diesen beengten Wohnverhältnissen ein eigenes Zimmer, wird damit gleichzeitig aber auch abgeschoben. Dass sie als Einzige der wichtigen Frauenfiguren im Roman keinen eigenen Namen erhält, entspricht dieser Rolle: sie fällt aus der Zeit und aus der Intimität der Familie heraus.

Geringes Ansehen in der Familie

Ernst nimmt sie kaum jemand, niemand unterhält sich mit ihr oder lässt sie am Tagesgeschehen teilnehmen, lediglich für die Arbeit in der Küche scheint sie gebraucht zu werden. Sie gilt als oft kaum erträgliche Last, was sie deutlich spürt: „Ein alter Mensch ist zu nichts nutze, sagen sie, hat gelebt, lange genug gelebt, ein unnützer Esser." (S. 5) In ihrer Verbitterung reagiert sie egozentrisch, geht es ihr nur noch darum, Lebensmittel in sich hinein zu stopfen und ihr erspartes Geld vor der Familie zu verstecken. Die geringe Selbstachtung ist die Konsequenz ihres Lebens – als Person ist sie nie wichtig gewesen, hat Kinder geboren, für andere gesorgt, ihrem Mann den Haushalt geführt. Sie gehört zu der Generation von Frauen, die ihren ganzen Lebenssinn aus der Geburt von Kindern, möglichst von Söhnen, und aus ihrer Funktionszuweisung in der Familie beziehen. Das Kind, das gerade geboren wird, empfindet sie im Alter als neuen Konkurrenten, daher spinnt sie sich in Feuerphantasien ein.

Dennoch lässt die feierliche Kleidung, die sie anlegt, auch ihre Achtung vor der Geburt erkennen.

Die alte Frau lebt nur noch von dem Erfolg ihres verstorbenen Sohnes Paul, der in „London, Paris, Moskau, Petersburg" war (S. 52), an der Sorbonne Jura studierte und eine große Karriere vor sich hatte. Bei der Erinnerung an seine Schilderung von der ersten russischen Revolution 1905 wird sie lebendig. Ihre Erzählung lässt Stolz und Achtung erkennen, sie prägt sich daher auch ihrer Enkelin in besonderer Weise ein. So kann sie zur Mentorin von Gabriele werden, als das sechsjährige Mädchen nach dem chaotischen Weihnachtsfest einen Menschen braucht, dem es als Vertrauensperson nahe steht und der doch in dieser erschreckenden Familienszene keine Rolle spielt, distanziert genug ist, um überhaupt Ratschläge geben zu können.

Stolz auf ihren Sohn Paul

Die Großmutter: Alice

Alice entspricht dem Typ der sorgenden Mutter und Hausfrau. Ihre Beschränkung auf eine Tätigkeit, die sie an das Haus bindet, ist für sie aber wohl nicht selbstverständlich. Das wird deutlich, wenn ihr während der Geburtsvorbereitungen ihrer Tochter durch den Kopf geht: „Für andere dasein (...) Einkaufen, kochen, waschen, putzen, nähen, flicken, stricken, sorgen, sorgen. Ist das alles? UND WARUM EIGENTLICH NICHT?" (S. 13) Zweifel an der traditionellen Frauenrolle werden durch die trotzige Bestimmtheit der Gegenfrage zurückgedrängt. Die Großbuchstaben, mit denen sie unterstrichen wird, könnten als Bestätigung einer affirmativ-beschwichtigende Position aufgefasst werden – der aufsässige Ton, der aus diesen Worten spricht, deutet aber gerade nicht auf eine selbstbewusste Haltung hin, er lässt vielmehr erkennen, welche Kraft aufgewendet werden muss, um sie zu wahren. Die Autorin

Das Prinzip Fürsorge

hält sich in der eigenen Bewertung dieser Haltung zurück – sie kommentiert nicht, sondern stellt sie als eine Variante des Frauenlebens dar.

Rigider Machtanspruch

Alice wird während des gesamten Romans vor allem bei ihrer Küchenarbeit gezeigt, so wenn sie am Heiligabend 1929 die Vorbereitung des Essens übernimmt, damit ihre Tochter sich um die Kinder kümmern kann. Diese Szene lässt in einem ausführlichen inneren Monolog erkennen, wie ihre Gedanken sich innerhalb dieser vier Wände bewegen. „Seit sechs in der Frühe ist sie in der Küche" (S. 36), alle sozialen, politischen, familiären oder intimen Ereignisse werden der Befriedigung des Hungers untergeordnet. Dabei wirkt sie nur an der Oberfläche „viel zu gutmütig" – hinter ihrer uneigennützigen Haltung versteckt sich eine rigide, unsentimentale Einstellung. Sie wehrt die Ansprüche der Verwandtschaft aus dem Osten nach zu viel Geld oder Nähe ab, zählt ihrer Schwiegermutter – für sie nur „die Alte" – die Kartoffeln in den Korb, tadelt den Schwiegersohn wegen seiner Arbeitslosigkeit und seiner politischen Einstellung – „auch so einer, Sozi oder Kommunist" (S. 38), vertritt der Enkelin gegenüber Härte in der Erziehung und missbilligt die Geburt ihrer zweiten Enkelin: „Hätte nicht sein brauchen, noch was Kleines, wo jetzt alle arbeitslos sind." (S. 39) Ihre Gedanken lassen das enge Korsett erkennen, in das die soziale Lage

Erstarrte Gefühle

sie eingeschnürt hat, die Gefühlserstarrung, die der Kampf aus dem proletarischen Milieu, der Zwang zur Funktionalität innerhalb der Familie, bedeutet. Ein weiteres Moment für ihre emotionslose Haltung ist die Enttäuschung über die nicht erfüllten Hoffnungen, die sie und ihr Mann in Susanne gesetzt haben: alle Ausgaben, die in die schulische und musische Ausbildung investiert wurden, haben sich nicht amortisiert, durch die Heirat mit einem Angestellten und die Geburt der Enkelin ist die Vorstellung, wenigstens im Leben von Susanne den sozialen Aufstieg zu erleben, in sich zusammengebrochen.

Erst als ihr Mann stirbt, löst sich diese Starre und macht der „Zärtlichkeit ihrer Mädchenjahre" Platz (S. 72). Für einen Augenblick erfährt sie die Gefühlsregungen, die ihr in den Jahren der Ehe abhanden gekommen sind, bevor sie wieder zu den funktionalen Handreichungen zurückkehrt. Auch ihr eigener Tod wird in einem unsentimentalen Ton berichtet: „Sie hocken in der Küche um den Herd, als die Großmutter stirbt. Ihren Platz am Tisch hat sie schon seit ein paar Wochen nicht mehr eingenommen. Sie wickeln sie aus der Decke, zerren ihr die urinnasse Wäsche vom Leib, schleppen sie ins eiskalte Zimmer. Ulrike heult jaulend." (S. 178)

Die Mutter: Susanne

Als erste Frau in dieser Familie soll Susanne aus dem traditionellen Rollenschema ausbrechen, um in ein anderes soziales Milieu aufzusteigen. Sie erhält eine höhere Bildung und durch das Studium auf dem Konservatorium auch die Grundlage für einen eigenständigen Beruf. In dieser Generation wird, so Ingeborg Drewitz, das neue Standesbewusstsein durch „die klavierspielende höhere Tochter, jene Artikulation bürgerlich-kleinbürgerlicher Emanzipation des wilhelminischen Zeitalters" verkörpert (Frauenemanzipation in der deutschen Gegenwartsliteratur, in: Zeitverdichtung. Essays, Kritiken, Portraits, Wien-München-Zürich 1980, S. 247).

Bildung als Karrierechance

Susannes Begabung ist außergewöhnlich und prädestiniert sie für „den Erfolg, den Ruhm" (S. 11). Sie konzentriert sich auf die Musik, übt bis kurz vor der Geburt von Gabriele „täglich sechs Stunden" und spielt selbst am Morgen vor der Niederkunft noch zwei Stunden auf dem Klavier (S. 13). Sekunden vor der Geburt geht sie in Gedanken Chopins Polonaisen durch, imaginiert den Beifall des Publikums – „wer das so spielen kann, daß die Leute kaum

Musikalische Begabung bleibt ungenutzt

zu atmen wagen, hat das Zeug zum Pianisten"
(S. 21) – und beendet ihre künstlerische Laufbahn wenige Sekunden später. Mit der Geburt
der Tochter ändert sich ihr Rollenverständnis;
sie erkennt, daß sie von nun an Verantwortung
für das Kind trägt und Ansprüche an ihr Ich
zurückstellen muss: „Etwas hat sich verändert.
Sie hat sich verändert. Du statt ich. Du, das ist
wichtig." (S. 25)

**Persönlichkeits-
verluste**
Susanne akzeptiert diese Rolle, die sie wie ihre
Mutter an den Haushalt bindet. Wogegen sie
sich – vergeblich – wehrt, ist die Enge der
räumlichen und familiären Verhältnisse, vor allem die schlechte Beziehung zu ihrem Mann:
„Blutarm, sagen die Eltern, aber es ist der Alltag, die Arbeitslosigkeit des Mannes, die Auseinandersetzungen am Eßtisch und in der
Küche, der Kampf ums Vorrecht auf dem Klosett." (S. 39)
Nachdem Susanne und ihr Ehemann eine eigene Wohnung gefunden haben, wird auch sie vor
allem bei der Küchenarbeit beschrieben. Sie
übernimmt nun die Position, die ihre Mutter in
den Jahren zuvor ausgefüllt hatte.
Der Versuch, sich durch ihre Musik eine eigene
Identität trotz der Alltagsbeschränkungen zu
verschaffen, trifft auf absolutes Unverständnis
ihres Mannes. Für ihn ist das Klavierspiel nur
brotlose Kunst, die er zudem als bildungsbür-
gerliche Arroganz sieht. Ihre Versuche, Le-
bensfreude zu entwickeln, macht er ihr zum
Vorwurf: „Ham sie dir beigebracht, deine Alten. Daß du Künstlerin bist. Kannst du davon
leben, daß du Künstlerin bist? Hängst von mir
ab (...) Kannst auch bloß Kinder kriegen wie jede andere." (S. 31).

Frustration
In ihren Gedanken empfindet Susanne das Leben als „sinnlos" (S. 40), die monotone Existenz
und die tägliche Erniedrigung durch ihren
Mann lassen einen „alltäglichen Haß" enstehen
(S. 41). Er ist auf kein konkretes Ziel gerichtet,
sondern bildet ein bodenständiges Lebensgefühl, Ausdruck der Unfähigkeit, ihrer Situation zu entkommen. Was Susanne nicht gelernt

hat, ist die Fähigkeit, einen eigenen Standpunkt zu formulieren und selbstbewusst zu vertreten. Als Zeichen von Rücksichtnahme, von fehlendem Selbstbewusstsein oder der Unfähigkeit, die eigenen Bedürfnisse zu artikulieren, liegt darin ein gemeinsames Merkmal der Frauen in dieser Familie. Erst Gabrieles Tochter Renate sucht nach einer eigenen Position, die sie auch gegen Widerstände in der Familie und der Gesellschaft vertritt.

Susanne dagegen kann ihrem Mann nicht Paroli bieten, sondern reagiert auf seine Attacken mit „leise(m) Weinen" (S. 31). Ihre zurückhaltende Art steht immer wieder im Gegensatz zu dem polternden, unbeherrschten Auftreten ihres Mannes. Liebe und Zärtlichkeit bringt sie ihm gegenüber nur noch in einer Ausnahmesituation zum Ausdruck – seiner Verhaftung durch die Gestapo –, positive Gefühle werden von ihm auch nicht erwidert, im Gegenteil: er agiert egozentrisch und wird in der Familie zu einem herrschsüchtigen Einzelgänger. Die Beziehung bleibt als bloße Fassade bestehen, auch wenn sie sich nichts mehr zu sagen haben und einander fremd werden. Gabriele erkennt, wie beide Elternteile in dieser Ehe zerrieben werden: „Du und Vater, ihr habt euch gegenseitig kaputtgemacht, denn ihr habt nicht aneinander geglaubt." (S. 114)

Rückzug nach innen

Susanne ist allerdings in der Lage, die Situation nach der Machtergreifung der Nationalsozialisten klarer zu erfassen und eindeutiger zu reagieren als ihr Mann. Fällt es ihr auch schwer, in politischen Kategorien zu denken, engagiert sie sich doch gegen die herrschende Ideologie des Dritten Reiches. Die Politik Hitlers lehnt sie eher vage ab; sie hofft auf eine Niederlage der Nationalsozialisten und stützt sich dabei auf das Vorbild ihres Vaters: „Der wirds nicht machen, der Hitler, denkt sie, weil sie das denken will, weil ihr Vater das denkt und weil sie für einen Augenblick an die große schöne Erde gedacht hat, an das Entkommen, vielleicht an das Glück." (S. 63)

Soziales Engagement

Auch ihre musikalische Ausbildung trägt dazu bei, den Antisemitismus als unmenschlich zu erkennen, so spielt sie Mendelssohn, in den Augen ihres Mannes „ein törichter Trotz, wo die Juden nun mal nicht mehr zählen" (S. 59)

Passiver Widerstand

Susanne versucht ihre Anpassung an die Systemnormen so niedrig wie möglich zu halten und zugleich einen eigenen Beitrag zum Widerstand zu leisten. Gabriele hält sie dazu an, jüdische Mitschüler nicht auszugrenzen (s. S. 64f.) und versucht sie davon abzuhalten, in den BDM einzutreten. Dies gelingt ihr bei ihrer jüngeren Tochter nicht, Ulrike verbietet sie die Mitgliedschaft daher schon nicht mehr. Sie selbst aber weigert sich, Mitglied in der Deutschen Frauenschaft zu werden, die Beiträge für die NSV bleiben auf niedrigstem Niveau (s. S. 113). Wie ihr Vater engagiert auch sie sich heimlich und unterstützt eine jüdische Familie: damit sie sich überhaupt ihren Lebensunterhalt verdienen kann, verschafft Susanne ihnen illegale Arbeitsmöglichkeiten.

Auf sich allein gestellt, bleibt sie ihren ethischen Werten treu – in diesen Momenten verleiht Ingeborg Drewitz ihrer Figur eine Kraft, die über das sonst so eng begrenzte Handlungsfeld hinausgreift.

Vorbild für ihre Tochter

Damit wird sie auch zum Vorbild für Gabriele, die sich in ihrem Engagement für die Gegner des Dritten Reiches von der Mutter gedeckt sieht – selbst wenn sie auf keinen Fall die traditionelle Frauenrolle übernehmen will, die ihr in der Familie vorgelebt wird. Wie eng die Beziehung zwischen Mutter und Tochter trotz aller Verständigungsprobleme und Rollendifferenzen ist, wird erst nach dem Tod von Susanne deutlich: Gabriele erinnert sich an die „Wärme oder Verhaltenheit" ihrer Stimme, an die Augen, die „Zärtlichkeit oder Leidenschaft" der Hände (S. 209f.) – Bilder, die sich in ihrem Kopf aus dem Leben der Mutter entwickeln, zeichnen den Weg von dem jungen Mädchen über die Braut, die Mutter, die Ehefrau: „Zwei Kriege, Hunger, Arbeitslosigkeit, keine Liebe mehr, Lungenentzündung und aus." (S. 212) Gabriele erkennt in diesem Lebensszenario deutlich, dass sie einen anderen Weg als den der Mutter finden muss, um nicht wie sie „verbraucht" zu werden (s. S. 180).

Die Töchter: Renate und Claudia

Gabriele möchte ihre Töchter zu kritischen Menschen erziehen, die sich nicht in Dienst nehmen lassen. „Dagegen sollen sich auch die Kinder wehren lernen, sich in der Verweigerung einüben, nicht in der Anpassung." (S. 235) Bei der älteren Tochter Renate hat diese Erziehung auch Erfolg. Sie entwickelt sich zu einem eigenwilligen, zurückhaltenden Kind, „viel zu ernst" für ihr Alter (S. 266), und gleicht damit ihrer Mutter in deren Kindheit. Im Unterschied zu ihr ist sie aber in der Lage, ihre Gedanken und Gefühle nach außen zu tragen. Sie schreibt „ein Gedicht über ihren Trotz, ihr Aufbocken, ihr Aufstampfen, ihr Ichwillnicht und die Trauer, die sie darüber empfindet." (S. 267) Ihre Gefühle werden von der Mutter akzeptiert, die sie auf ein Leben vorbereiten will, das sich eben nicht auf die traditionelle Frauenrolle der Mutter, Hausfrau und Ehefrau beschränkt. Renate empfindet das Vertrauen, das ihr hier entgegengebracht wird, mit „zögernde(r) Freude". Wichtig ist der Satz: „Das ist richtig, Kind, niemand soll blindlings gehorchen." (S. 268) Er entspricht dem Ratschlag ihres Großvaters „Tu, was du tun mußt" (S. 277). Das wird zur Maxime ihres Handelns in den folgenden Jahren werden.

Erziehungsziel: Verweigerung statt Anpassung

In der Schule hat sie Probleme, ihre Phantasie der abgeforderten Disziplin unterzuordnen – dass sie beim Abitur durchfällt, hat sicher auch mit der Widerspenstigkeit zu tun, die sie zu diesem Zeitpunkt bereits an den Tag legt. In der Familie spielt sie eine distanziert-prüfende Rolle (s. S. 286). Sie sieht sich in der Tradition des Großonkels stehen, dessen utopisch- sozialistischer Freiheitsgeist für sie zum Vorbild

Disziplin-probleme

wird. Seinen Brief vom Dezember 1904 erhält sie als einziges Erbteil ihres Großvaters aus der Hand ihrer Mutter. Hier wird von der Autorin die gleiche symbolische Übergabe inszeniert wie – mit völlig entgegengesetzter Tendenz – bei dem Hochzeitskleid, das Gabriele von ihrer Mutter erhalten hat.

Politisches Engagement

Renate nimmt mit wachem Bewusstsein die politischen Konflikte ihrer Zeit zur Kenntnis. Sie identifiziert sich mit den Opfern und beginnt sich einzumischen. Im Februar 1966 beteiligt sie sich an der ersten großen Vietnamdemonstration Berlins, die in der „Frontstadt" zu einem Eklat wird. Wie eng die Gewalt des Krieges in Südostasien mit der Alltagsgewalt verknüpft ist, erfährt Renate an den schlagkräftigen Argumenten ihres Vaters. Sie wird dadurch jedoch nur in der Notwendigkeit bestärkt, öffentlich Stellung zu beziehen – sie nimmt keine Rücksichten mehr auf die veröffentlichte Meinung, die Ansichten ihrer Eltern oder bürokratische Anordnungen. Sie will politisch aktiv werden und fordert uneingeschränkt die Veränderung „der Machtverhältnisse in der Welt" (S. 301).

Sie kann weder den Verzicht Gabrieles auf ein selbstbestimmtes Leben noch auf utopische Vorstellungen in der Politik verstehen. Konsequenterweise zieht sie im November 1968 ohne Erklärung aus und lässt Eltern und Schwester bestürzt zurück.

Berufsverbote

In der folgenden Zeit nimmt Renates politisches Engagement zu. Schließlich wird sie von der Berufsverbotsmaschinerie erfasst und gezwungen, nach ihrem Staatsexamen „einen Job in der Schokoladefabrik" anzunehmen (S. 357) – eine Aussicht, die sie mit offensichtlicher Gelassenheit hinnimmt, auch weil sie damit Gelegenheit erhält, das Leben und die Solidarität von Arbeiterinnen kennzulernen. Diese Erfahrung verbindet sie mit ihrer Mutter, die in den Kriegsjahren neben dem Studium zur Arbeit in einer Fabrik genötigt war.

Renates Engagement unterscheidet sich jedoch

deutlich von dem Gabrieles. Während die Mutter beruflich motiviert Demonstrationen begleitet, Veranstaltungen gegen Ausländerfeindlichkeit besucht, Häftlinge im Gefängnis aufsucht und darüber in ihren Radiobeiträgen berichtet, will Renate mit Taten für eine Welt „ohne das Diktat der einen über die anderen" (S. 357) ankämpfen. Sie tritt für ein autonomes Leben anderer ein und will auch ihr eigenes selbständig führen – „Sie will doch kämpfen, verstehst du das nicht? Will sich nichts schenken lassen von euch. Will, ja, sie will frei sein, hat sie gesagt!" (S. 335)

Als der politische Protest der Studentenbewegung sich ab 1969 aufsplittert, bleibt sie ihren Ideen treu. Sie rutscht nicht in das terroristische Lager ab wie ihr Freund Joe, der „ausgeflippt" ist, „die Geduld verloren" hat (S. 370). Offensichtlich hat sie wie ihre Mutter genügend Realitätssinn um zu erkennen, dass ein so hochfliegend-idealistischer Ansatz wie der ihre notwendigerweise zu Enttäuschungen führen muss. Sie verliert eben nicht die Geduld und hält an ihrem Engagement fest.

Ambivalent bleibt daher auch die Schlussszene des Romans. Das Bild von Renate, die in einer Berliner Einkaufsstraße unbeachtet von den Menschen um sie herum Flugblätter verteilt, lässt gegensätzliche Einschätzungen zu: Es kann als desillusionierende Bankrotterklärung gelesen werden -so etwa Gerhild Brüggemann-Rogers: „denn im Scheitern von Renates Freund ist das Scheitern ihrer Hoffnung vorweggenommen" (Das Romanwerk von Ingeborg Drewitz, a. a. O., S. 113) – oder als Hinweis auf eine neue tragfähige Verbindung und ein gemeinsames Verständnis von politischem Engagement bei Mutter und Tochter. Sie treffen zufällig zusammen; Renate handelt, ihre Mutter nickt ihr – offensichtlich zustimmend – zu. Diese Szene führt zurück zum Anfang von Renates politischem Protest. Schon die erste Flugblattaktion hatte die Zustimmung ihrer Mutter gefunden.

Terrorismus

Desillusionierung oder neue Perspektive?

Größere Schwierigkeiten hat Gabriele, die Entwicklung ihrer acht Jahre jüngeren Tochter Claudia zu akzeptieren. Sie ist als Kind unkomplizierter und offener als ihre Schwester, sie „genießt" ihre Schulerfolge, ist „unverletzlich" und „kühn" (S. 286). In der Pubertät zeigt sie deutlich mehr Interesse für „Jungens" und weibliche Accessoires – „Enge Pullover, Gürtel, Schnallen" (S. 331f.), spielt Cello und zeigt wenig Neigung, sich auf politische Themen einzulassen. Das ändert sich allerdings, als sie ihren Vater auf dessen Mitgliedschaft in der Hitlerjugend anspricht und sich mit beiläufigen Hinweisen nicht abspeisen lassen will. Zu einer Zeit, in der die Geschichte des Dritten Reichs nicht unbedingt zum Unterrichtsstoff gehört, ist sie tief beeindruckt von den Berichten, die ihr Gabriele vorlegt: „Sie zeigt Claudia die Bücher, die Fotos in den Büchern, Lagerstraßen, das Krematorium, die Gaskammern, die Buchführung der Mörder, sie sieht sie dasitzen und lesen und blättern, die Zunge irrt zwischen den Lippen hin und her." (S. 342f.)

Trotz dieser Irritation – Claudia fühlt sich offensichtlich wohl bei ihren Eltern und hat keine Probleme damit, direkt von der einen Familie in eine neue, eigene überzuwechseln. Sie wird noch vor dem Abitur schwanger und heiratet – vage Zukunftspläne lässt sie ohne Bedauern hinter sich: „Afrika, Entwicklungshilfe, unklare Vorstellungen von Abenteuer und Menschlichkeit." (S. 363) Sie gehört offensichtlich zu einer Generation, die anders als Renate selbstzufrieden, ichbezogen ist und sich um gesellschaftliche Probleme nicht kümmert.

Gabriele wird durch sie genötigt, wieder in die (Groß-)Mutterrolle zu schlüpfen. Atemberaubend ist für sie die Naivität, mit der sich Claudia die traditionelle Frauenrolle überstreift: „Sie muß sich wegwenden, weil Claudia und der junge Vater sich so unbefangen umarmen, als gäbe es nur das: Anfangen, sich lieben, ein Kind haben, keine Fragen, keine Zweifel, keine Erinnerung an das alte, immer neue Elend der Vielen. Als gäbe es die Angst nicht, die Renate umtreibt." (S. 374)

Die Überschrift des letzten Kapitels „Als sähe sie in einen Spiegel" macht darauf aufmerksam, dass Gabriele sich in beiden Töchtern spiegelt, ohne in einer von beiden – weder der privaten Claudia, noch der politischen Renate – aufzugehen. Beide lassen einen wesentlichen Teil im Selbstverständnis der Mutter außer acht – ein Hinweis der Autorin auf die Probleme von Frauen ihre öffentliche und private Rolle zu vereinbaren. Renate Möhrmann bringt diesen doppelten Romanschluss auf den Begriff, wenn sie schreibt:

> „Der Roman endet damit, daß sich die Tochter entschieden von der Lebensweise der Mutter distanziert, nicht der Mann-Frau-Kind-Idylle anheimfällt (…) Eine Utopie ist Wirklichkeit geworden. Doch mit einem so einfachen Bewältigungsrezept wartet Drewitz nicht auf. Es gibt eine zweite Tochter in der fünften Generation und damit einen zweiten Schluß: Gabriele erlebt die Geburt ihres Enkels. (…) Mit solchen kontradiktorischen Bildern zeigt die Autorin die spezifische Problematik weiblicher Lebenszusammenhänge und ihre besondere Defizitsituation: noch bedeutet jeder der in dieser Gesellschaft möglichen Lebensentwürfe Verzicht für die Frau. Noch befindet sich – wie Helke Sander das in ihrem Film formuliert hat – in einer „Reduper-Situation"." (Renate Möhrmann: Feministische Trends in der deutschen Gegenwartsliteratur, a. a. O., S. 351f.)

3. Die Vaterfiguren

Männer sind keine besonders liebenswerte Spezies in diesem Roman. Sie sind gebrochene Figuren – Opfer ihrer sozial und wirtschaftlich schwachen Position, Familienväter, die nach innen zu wahren versuchen, was sie außen an

Das Selbstbild der Männer

Einfluss verlieren. Sie sind alle schwächer als ihre Frauen, bestehen aber mit verbaler oder handfester Gewalt auf dem Privileg als Patriarchen, selbst wenn die Diskrepanz zwischen Wunsch und Realität offenkundig wird. Lediglich zwei Männer fallen aus dieser Rollenzuschreibung heraus, beide ohne direkt in das Geschehen einzugreifen: der Sozialist Paul, dessen Hoffnungen auf eine bessere Zukunft als Leitbild für das Handeln der Frauen fungiert und, am Ende des Romans, Gabrieles Enkel, der die matriarchale Linie im Stammbaum der Familie abschließt.

Der Großvater: Gustav

Aufstiegswünsche

Sein Leben wird vom Wunsch nach sozialem Aufstieg bestimmt. Er selbst erreicht dieses Ziel nur zu einem Teil – seine proletarische Herkunft, die Flucht aus Schlesien und die politische Orientierung seines Vaters bilden ein schweres Handicap. Durch die Arbeit als Buchhalter und seine Heirat mit Alice, der Tochter eines Werkmeisters, gelangt er bis an den Rand von Armut und Wohlstand, steht jedoch unter dem Druck seiner Schwiegereltern, denen er – im Unterschied zu ihrem Sohn Paul – wenig zu bieten hat. So werden seine Aufstiegswünsche stets von Ängsten begleitet, die problematische Zwischenlage der Familie halten zu können, nicht wieder abzusteigen ins Proletariat: „Die Wohnung ist eng genug, drei Generationen, und wenn das Kind da ist, vier. Aber nicht deshalb die Angst. Die ist alt in ihm, ist immer wieder gekommen, seit er damals am Görlitzer Bahnhof zwischen Vater und Mutter, den Geschwistern und Kisten und Pappkartons gestanden hatte" (S. 6).

Susanne soll es schaffen

Den weiteren Aufstiegswunsch projiziert er daher auf seine Tochter und ist bereit, dafür auch für seine Verhältnisse viel Geld zu investieren: er kauft ein Klavier, bezahlt den Unterricht und das Schulgeld auf dem Lyzeum.

Durch die Hoffnungen, die er in seine Tochter setzt, entwickelt sich eine intensive Beziehung zu ihr. Sie werden jedoch enttäuscht, als Susanne in der Zwischenkriegszeit einen arbeitslosen Konstrukteur heiratet und durch die Geburt ihrer zwei Töchter alle Karrierepläne zunichte macht.

Er ist, obwohl er mit der politischen Sphäre seines Vaters nichts zu tun haben möchte, Antifaschist. Auf Diskussionen mit seinem jüngsten Bruder Bruno, der bereits 1923 in die NSDAP eingetreten ist, lässt er sich nicht ein. Im Gegenteil: er leistet – als Akt verschämter Wiedergutmachung? – passiven Widerstand, indem er unbezahlte Sozialarbeit in dem Milieu verrichtet, dem er zunächst möglichst weit zu entkommen suchte. Er ist der Doppelbelastung von Beruf und Engagement in seiner Freizeit jedoch nicht lange gewachsen, sein Herz versagt und er stirbt, noch bevor er ins Rentenalter kommt.

Antifaschist

Der Vater

Er ist das schwarze Schaf in der Familie, der neben seiner Ich-Schwäche auch die Geringschätzung seiner Umgebung erfahren muss. Die familiäre Sozialisation ist schwer genug zu ertragen und rührt bis ins Alter an sein Selbstbewusstsein: der Vater spielt offensichtlich keine Rolle, er wird jedenfalls nicht erwähnt. Die Mutter ist dagegen dominant; sie ist Alkoholikerin, prostituiert sich und nimmt dem Sohn das Geld ab. Bis ins hohe Alter beansprucht sie die Autorität, sein Verhalten be- und aburteilen zu können. Trotzdem bewundert er die „ansehnliche Frau" (S. 45) und lässt sich unwidersprochen vor seiner Familie von ihr herabsetzen. Noch für ihren Selbstmord fühlt er sich verantwortlich: „Daß er sich um sie hätte kümmern müssen, auch wenn sie diesen Spleen gehabt hatte, diesen Irrglauben an die blonde Rasse." (S. 89)

Ich-Schwäche

**Verunsichert
durch Arbeits-
losigkeit**

Zu diesen Sozialisationsdefiziten kommt die
lang anhaltende Arbeitslosigkeit, die ihn unzu-
frieden und bitter macht. Anschuldigungen,
denen er sich täglich in der Familie seiner Frau
ausgesetzt sieht, überträgt er auf Susanne. In
seiner Unsicherheit und seinen Schuldgefühlen
sucht er nach einem schwächeren Glied in der
Kette der häuslichen Hierarchie, damit er die
Aggressionen, die in ihm angestaut sind, los-
werden kann. Seine stille und zurückhaltende
Frau ist das adäquate Opfer, um eigene Min-
derwertigkeitsgefühle bei ihr abzuladen. Er
fühlt sich auch von ihr missverstanden, unter-
stellt ihr, dass sie gemeinsam mit ihren Eltern
gegen ihn intrigiere. Gegenüber Frau und Kindern glaubt er als Haustyrann die Bestätigung
einfordern zu können, die ihm in der Gesellschaft abhanden gekommen ist.

**Regressiv und
aggressiv
zugleich**

Unbeherrscht, wie er ist, wird er schnell hand-
greiflich. Seine Wutausbrüche gehören zu den
ersten Kindheitseindrücken Gabrieles: „Vater
schreit, schleudert seinen Rasierpinsel nach
dem Kind." (S. 26 f.) Sie richten sich in gleicher
Weise gegen Susanne, deren abhängige Position
er gehässig hervorhebt (s. S. 31). Seine Arbeitslosigkeit empfindet er als persönliches Versagen, das bis zu Suizidgedanken führt, die er mit
einigem Selbstmitleid durchspielt. Die Gefühle seiner Frau gegenüber schwanken zwischen
ohnmächtigem „Haß" und dem Bedürfnis nach
Zärtlichkeit: „Frauen haben es gut. Frauen haben immer etwas zu tun. Frauen können meinen,
ihr Leben hat einen Sinn. Er möchte mit der
Faust gegen die runde Madonnenstirn stoßen, er
haßt sie, haßt Susanne (...) Und möchte doch vor
Susanne knien, seinen Kopf in ihren Schoß legen.
Sag mir, warum ich da bin! Sag mir den Sinn!"
(S. 59)

**Opportunisti-
sches Verhalten**

In den folgenden Jahren weitet sich die Opposition innerhalb der Familie gegen ihn durch
die politischen Ereignisse weiter aus. Seine
Frau und sein Schwiegervater sind erklärte
Gegner der Nationalsozialisten. Er dagegen
tritt in die Partei ein, um dadurch bei der Ar-

beitssuche protegiert zu werden. Seine opportunistische Entscheidung führt aber dazu, dass die Außenseiterrolle in der Familie sich verschärft; er trifft sie auch nicht ausschließlich, um endlich wieder arbeiten zu können. Als gleichgewichtiges Motiv sieht er die Chance seine Machtposition in der Familie unter Beweis zu stellen.

Er kommt damit in Widerstreit auch mit sich selbst: sein politisches Bewusstsein fordert eine eindeutige Distanzierung von den Maßnahmen der Nationalsozialisten, sein Wunsch nach Arbeit und familiärer Macht das opportunistische Verhalten. Daraus resultieren Anpassung und verbaler Protest, in ihrer Gleichzeitigkeit für Gabriele kaum erträglich: „Du, Vater, du machst doch mit, redest wüst dagegen, aber machst mit." (S. 106) In seiner ohnmächtigen Wut gefährdet er nicht nur die eigene Person, sondern auch die Familie. So, wenn er beim Sieg über Frankreich keine Fahne aus dem Fenster hängt (s. S. 113ff.) oder im Luftschutzkeller die nationalsozialistischen Machthaber verhöhnt (s. S. 133ff.). Er gewinnt mit dieser Haltung ein neues Selbstbewusstsein, kann er sich doch als Teil der Opposition gegen die Mitläufer in Deutschland definieren.

Ohnmächtige Rebellion

Um seine Identität zu wahren, findet er zu einer rebellischen Haltung, die ihn jedoch zu keinem Handeln verpflichtet.

Der Kleinbürger als Anarchist

Für seine Tochter wird er damit unerträglich. Sie sieht in ihm ausschließlich den Mann, der sich duckt und seine Aggressionen in der Familie auslässt – seine Verweigerungshaltung erkennt sie nicht an. Die Auseinandersetzungen zwischen Vater und Tochter eskalieren; er will sie zunächst daran hindern zu studieren – „Sollen lernen, wie man diese Hitlers verhindert! Hast du ihn verhindert? Hätt ich weiter Daumen drehen sollen? Euch hungern lassen?" (S. 127) Auch nach dem Zusammenbruch Deutschlands ändert sich Gabrieles Ablehnung nicht, im Gegenteil. Sein Defätismus – der doch die politisch-kulturelle Haltung der Nach-

Ein Familientyrann

kriegszeit wie der fünfziger Jahre zutreffend beschreibt – reizt sie bis zur offenen Handgreiflichkeit: „Und was jetzt? Sind doch geblieben, die Gespenster, stehen wieder auf, wern euch schon beibringen, was Anfang ist! Hör doch auf! Sie hat den Vater ins Gesicht geschlagen, hat das Gerede nicht mehr ertragen, die Prahlerei mit der Hoffnungslosigkeit, schämt sich und schämt sich doch nicht" (S. 157).

Sozialer Status bleibt gefährdet

Auch nach 1945 bleibt er arbeitslos. Sein Selbstwertgefühl wird dadurch erneut verletzt. Er muss sich zunächst bei der britischen Besatzungsmacht als Kohlenarbeiter verdingen (s. S. 198), bevor er tatsächlich seine alte Stelle wieder antreten kann, auch das allerdings zu ungünstigen Konditionen: „Er wird mit Ostgeld bezahlt und bekommt als Grenzgänger ein Viertel des Gehalts in Westgeld umgetauscht. Aber endlich wieder Arbeit, sagt er." (S. 207) Er tritt damit den entgegengesetzten Weg an, den viele Berliner in diesen Jahren begehen: sie wohnen im Osten und arbeiten im Westen, weil dort mehr Geld und die härtere Währung zu verdienen ist. Er kann sich dadurch seinen Oppositionshaltung bewahren, lässt sich mit einigem Selbstbewusstsein von Jörgs Vater als „Kommunist" titulieren (S. 216) und verdient doch zu wenig, um den Krankentransport seiner Tochter Ulrike von der DDR nach Berlin bezahlen zu können.

Deprimierendes Lebensende

Die letzten Jahre seines Lebens sind deprimierend. Nach dem Tod seiner Frau verwahrlost er zusehends, wird zum Alkoholiker und lässt sich mit Prostituierten ein; die Wohnung verkommt. Offensichtlich kann er es nicht verwinden, seine Frau verloren zu haben, selbst wenn er sie während der Ehe nur selten geschätzt hat. Dennoch – allein zu existieren, hat er nicht gelernt. Er stirbt schließlich, der „Körper ist von Krebs zerfressen" (S. 294), nach einem vierwöchigen Todeskampf.

Der Ehepartner: Jörg

Jörg ist Naturwissenschaftler, Chemiker, und damit schon von seiner Ausbildung her allen Spekulationen und utopisch-idealistischen Vorstellungen abgeneigt. Damit trifft er die realitätsbezogene Seite seiner Frau, verfehlt allerdings deren Hoffnungen auf ein selbstbestimmtes Leben in der Familie wie im Beruf. Er fühlt sich zu Unrecht von ihr unter Druck gesetzt, ist von ihren Ansprüchen überfordert, weil er die traditionelle Männerrolle nie in Frage stellt.

Er kommt aus einer Familie, die den Aufstieg ins Bildungsbürgertum geschafft hat: einziges Kind eines Direktors und seiner Frau, die „nichts anderes gelernt (hatte), als für andere dazusein." Er wird als „Kronprinz" vom Vater dazu ausersehen, seine Nachfolge anzutreten, die Mutter verwöhnt ihn als „Jungchen". Ohne jemals Schwierigkeiten zu bereiten, passt er sich an die Vorstellungen der Eltern an, wird Mitglied in der HJ, später Soldat. Lediglich die Offizierskarriere verfehlt er zur Enttäuschung seines Vaters, denn er wird zum Studium abgestellt und für „kriegswichtige Forschungsarbeit" vom Wehrdienst befreit. (S. 252/314)

Undeutlich bleibt, wie er in den Nachkriegsmonaten zu der Gruppe stößt, in der auch Gabriele sich beteiligt. Er argumentiert bodenständiger als die anderen Mitglieder, vor allem als Johannes, mit dem ihn eine heftige Abneigung und Rivalität verbindet. Gabriele will sich nicht auf diese nüchterne Ebene einlassen, sie reagiert emotional und abweisend, wenn Jörg die Arbeit ihrer Gruppe skeptisch einschätzt und ihr Scheitern realistisch voraussieht: „Gabriele sieht Jörg an, wie er dasitzt, die Fäuste auf die Knie gestemmt, krumm, und sie erschrickt, weil sie denkt: ich hasse ihn." (S. 195/197)

Aber sie ist bereit, auf seinen Heiratsantrag einzugehen, auch wenn sie keine Nähe zu ihm spürt. Ihre Ehe entspricht dem traditionellen Rollenklischee: Jörg ist zuständig für den Gelderwerb und erwartet, dass Gabriele die Arbeit im Haushalt allein versorgt, allenfalls spielt er mit der Tochter (s. S. 203). Er ist nicht bereit, seine Frau an den täglichen Arbeitserfahrungen zu beteiligen und bringt auch keinerlei Verständnis dafür auf, dass sie in seinem „Schema Mannfraukind" nicht aufgehen will. Ihre Gefühle sind ihm nicht wichtig, er versucht sie mit Floskeln abzuspeisen – „Du nimmst dich zu wichtig!" Sie leben bereits am Anfang ihrer Ehe aneinander vorbei, was Jörg aber offensichtlich nicht problematisch findet, da sein Verhalten auch der alltäglichen Norm entspricht. Selbst ihr Versuch, ihn zu einer Reaktion herauszufordern – „Ich erkenn dich auch an deiner Wut, wenn du zuschlagen willst und nicht zuschlägst" (S. 205) –, geht ins Leere. Gabriele ahnt nicht, dass sie damit in Gedanken vorwegnimmt, was im Verlauf dieser Beziehung tatsächlich eintreten wird.

Realpolitik im Betriebsrat

Jörg schließt sein Studium nicht ab, sondern erhält eine „Anstellung bei Schering" (S. 188). Damit sind seine Karrierechancen begrenzt, was ihm Gabriele bei einem Streit auch vorhält (S. 269). Er konzentriert sich dennoch zunehmend auf seine Tätigkeit in der Firma, mit deren Aufbau er sich identifiziert, und engagiert sich in der Betriebsratsarbeit. Dabei geht es ihm ausschließlich darum, mit kleinen Fortschritten im Alltag die Lage der Kollegen zu verbessern – gewerkschaftliche Realpolitik, die Schritt für Schritt vorangeht und längerfristige Ideale ausblendet.

Unangenehmes wird ausgeblendet

Für Gabrieles eigene Entwicklung bleibt in dieser festgefügten Ordnung kein Raum. Sie muss aus ihrer Ehe ausbrechen, um sich selbst verwirklichen zu können. Völlig unvermutet für Jörg zieht sie mit ihren beiden Töchtern nach Westdeutschland. Die folgenden drei Jahre lassen sein Verhalten nur indirekt erkennen, wenn Gabriele in ihren Briefen auf seine kargen Reaktionen eingeht. Er hat offensichtlich gelernt, mit der Trennung umzugehen und unangenehme Forderungen schlicht auszublenden, etwa den mehrfach ausgesprochenen Vorschlag, sich scheiden zu lassen. Obwohl Gabriele immer wieder versucht, ihm ihre Gefühle, Motive und Handlungen mitzuteilen und deutlich macht, dass sie nicht bereit ist, sich in seine Eheschablone einpassen zu lassen, ändern sich seine Erwartungen nicht: „Du hast dann vom Betrieb angefangen. Und daß ich sehen müsste, wie sich alle zufriedengeben. Arbeit, Familie, eine Wohnung, ob das nicht genügt. Im Haus wird was frei im April, hast du gesagt. Ich habe nicht geantwortet." (S. 251)

Letztlich ist seine Beharrlichkeit erfolgreich; Gabriele kehrt zu ihm zurück. Die Beziehung verändert sich damit nur äußerlich. Jörg findet eine neue Wohnung, die sie gemeinsam herrichten. Für ihn ist damit ein Maß an Geborgenheit erreicht, mit dem er zufrieden ist: „Dann sind wir nun wohl am Ziel: Eine eigene Wohnung und Bad und Küche und Wärme im Winter" (S. 264). Gabriele muss das Scheitern ihrer Ansprüche auf ein selbstbestimmtes Leben akzeptieren, wenn sie die Beziehung fortsetzen will – von ihrem Mann ist keine grundlegende Wandlung zu erwarten, zu sicher ist er sich, mit seiner Haltung im Recht zu sein.

Die Arbeit im Betriebsrat beansprucht ihn vollkommen, selbst Banalitäten stehen für ihn vor der Verantwortung für die Kinder (s. S. 266). Er akzeptiert zwar die Berufstätigkeit seiner Frau, weil er an ihrem zusätzlichen Einkommen interessiert ist, weist aber immer wieder auf die geringen Honorare hin, die sie dafür erhält und wirft ihr vor, die Familie zu vernachlässigen: „rennst da weg mit den Kindern, hast Männergeschichten" (S. 269) Von den Vorgängen in der Familie ist er immer mehr abgeschnitten; Gedanken, Gefühle oder Probleme, die für die Frauen wichtig sind, bleiben ihm vorenthalten. Politische Ideale hat er sich längst abgeschminkt und steht daher vollkommen perplex vor dem Engagement seiner Tochter. Verständnislos und angesteckt von der antikommunistischen Propaganda der Medien in

Berlin lässt er seiner Herr-im-Haus-Mentalität freien Lauf: Er schlägt zunächst Renate, dann auch seine Frau, als die sie verteidigt, und versucht sie mit Standardantworten zur Raison zu bringen: „Sie solle lieber ihr Abitur machen, schreit er, anstatt sich auf der Straße mit Politik zu beschäftigen. Dafür hätte er nicht gearbeitet und ihre Mutter auch nicht" (S. 300f.).

Er sieht in Gabriele die Urheberin der ungebärdigen Ideen seiner Tochter – „Du hast ihr das beigebracht mit der Freiheit" (S. 337) – und empfindet schlichte Undankbarkeit der Nachkriegsgeneration, wo eine selbstkritische Überprüfung der eigenen Wohlstandsmentalität angebracht wäre: „Ich verstehs nicht, ich versteh nicht, was da los ist. Was wollen die bloß? Habens doch gut gehabt, oder? Können uns doch nichts vorwerfen, habens so gut gehabt wie wir nicht, wie du nicht, wie ich nicht, immer satt, zu essen, und reden von Vietnam." (S. 310)

Selbstüberforderung und Herzinfarkt

Nur indirekt lässt sich an seinem Verhalten ablesen, wie verletzend Renates Abwendung auf ihn wirkt. Er zieht sich zurück, unfähig, seine Verstimmung auszudrücken. Lediglich der Hinweis, dass er seine Freizeit damit verbringt, Kreuzworträtsel zu lösen und die Lokalnachrichten zu studieren, macht auf die beschädigten Vatergefühle aufmerksam. Anders als beim Ausbruch seiner Frau ist diese beharrliche Verschlossenheit Renate gegenüber wenig erfolgreich Sie hat keinen Grund, sich unter Druck gesetzt zu fühlen und nimmt den Kontakt mit ihm nicht mehr auf, auch nicht nach seinem schweren Herzinfarkt.

Mit der Erkrankung ist sein Abschied vom Berufsleben vorprogrammiert, er muss vorzeitig in Rente gehen. Die Krankheit hat ihm zugesetzt, denn „er zählt die Monate bis zur Rente" (S. 373). Welche Belastungen mit seinem Arbeitsplatz verbunden sind, zeigt ein kurzes Schlaglicht am Ende des Romans. Gabriele wirft anlässlich des Arbeitsjubiläums einen Blick „in das Labor (...), in dem er all die Jahre gearbeitet hat bei immer gleicher Temperatur und immer gleichem Licht und hinter einer Gesichtsmaske verborgen." (S. 374) Sie blickt von außen, „durch ein Fenster" in den Raum – deutlich wird noch einmal, wie sehr Jörg seine Frau von den Berufsproblemen abgeschottet und damit alle Konflikte in sich hineingefressen hat. Der Herzinfarkt wird damit auch zu einer Metapher für die Überbeanspruchung, die er sich selbst auferlegt.

Wie er, der die Familiensphäre vollständig seiner Frau überlassen hat, sich als Pensionär zurecht finden kann, bleibt unklar. Die Prognosen für ein ausgefülltes, partnerschaftliches Rentnerdasein stehen eher schlecht.

4. Thematische Aspekte

„Herkünfte. Keine Adelsprädikate. Kein Stammbaum einer bürgerlichen Familie, der Sicherheit gibt, Geschichten von Phantasten und Querköpfen und fleißigen Leuten, von der Stadt geprägte und verschlissene Leben." (Ingeborg Drewitz: Deine Stadt. Meine Stadt, in: dies.: Hinterm Fenster die Stadt, a. a. O., S. 15)

1. Roman eines kleinbürgerlichen Milieus

Ein enges soziales Milieu

Die Arbeiter der siebziger Jahre des vorigen Jahrhunderts, die kleinen und mittleren Angestellten dieses Jahrhunderts sind die Hauptfiguren in „Gestern war Heute". Die Familiengeschichte spielt fast ausschließlich innerhalb einer sozialen Schicht, die in der Vorgeschichte erreicht und erst gegen Ende – fixiert durch den Umzug Gabrieles in das Berliner Westend – verlassen wird. Die soziale Gebundenheit der Lebensverhältnisse macht sich in den Wohnverhältnissen, den Gerüchen, im politischen Bewusstsein und der Mentalität der Menschen bemerkbar, die zwischen selbstbewusstem Auftreten und ängstlicher Anpassung schwanken. Die unsentimentale, präzis-distanzierende Darstellung der Autorin verdankt sich ihren eigenen Wurzeln, die sie im Berliner Osten hat.

Kleinbürgertum im 19. Jahrhundert

Objektive Voraussetzungen für die Romanhandlung finden sich in gesellschaftlichen Umbrüchen: In der zweiten Hälfte des 19. Jahrhunderts spaltet sich das Bürgertum in drei Hauptgruppen: ein industrielles Großbürgertum, ein Bildungsbürgertum aus höheren Beamten und Angehörigen freier Berufe und ein Kleinbürgertum – den „unteren Mittelstand" – mit Kleinbauern, Handwerkern und Gewerbetreibenden, unteren Beamten, besser bezahlten

Arbeitern. Werden zur zweiten Gruppe etwa 2,75 Millionen Familien gerechnet, entfallen auf die dritte rund 3,75 Millionen Familien. Zu ihnen kann noch die Masse der Angestellten gerechnet werden, die sich mit dem Anwachsen des tertiären Sektors in Deutschland vergrößert. Sind die Vermögens- und Einkommensverhältnisse, der Bildungsstand, die Mentalität und Lebenshaltung innerhalb dieser Gruppen zunächst relativ einheitlich, lösen sie sich in der Zeit nach dem Ersten Weltkrieg auf. Vor allem die Abgrenzung zur Arbeiterschaft wird problematisch (vgl. dazu: Winfried Baumgart: Deutschland im Zeitalter des Imperialismus (1890–1914), Frankfurt/M. 1972, S. 190–192). Der gesellschaftliche Wandel wird unterstützt durch politische Entscheidungen. Mit dem Sozialistengesetz von 1878 wird eine massive Flüchtlingsbewegung in Gang gesetzt, in der zahlreiche Mitglieder der SPD genötigt werden, ihre Heimat zu verlassen. Sie ziehen in die Großstädte, um dort Arbeit zu finden oder suchen ihr Glück in der Auswanderung nach Amerika.

Der Aufstieg aus den prekären Verhältnissen ist mühsam; höhere Bildung erscheint als Kardinalweg für soziale Mobilität, eine geringe Kinderzahl als notwendige Voraussetzung. Dennoch ist der Weg mit Ängsten besetzt; wie gefährdet soziale Positionen sein können, zeigt der Roman am Beispiel einer großbürgerlichen Familie, die sich auf einer Auktion von ihrem Mobiliar trennen muss (S. 14f.).

Gabrieles Eltern gehören zum Kleinbürgertum; ihre Vorfahren sind noch aus den östlichen Gebieten des deutschen Reiches bzw. aus Polen in die Hauptstadt zugewandert. Sie haben ihren sozialen Aufstieg aus einem proletarischen Milieu erreicht und so Momente von Selbstwahrnehmung und Bildung erlebt, die sie auf Dauer nicht verwirklichen können. Insbesondere die Weltwirtschaftskrise der dreißiger Jahre, die sich in der Weimarer Republik durch Geldentwertung und hohe Arbeitslosigkeit aus-

Aufstieg in den 20er Jahren

wirkt, lässt den sozialen Status fragil erscheinen und führt zu neuen Abstiegsängsten. Gerade die Frauen, denen durch Schule und musische Bildung die Mobilität erleichtert werden sollte, werden durch die ökonomischen Umstände an der Entwicklung eines bildungsbürgerlichen Lebensstils gehindert und in die traditionelle Familienrolle zurückbeordert.

Stetige Abstiegsängste

Die schwierigen finanziellen Verhältnisse – und später der zunehmende politische Druck – nötigen die Familie dazu, in einer viel zu kleinen Wohnung zusammenzurücken. In diesen beengten Verhältnissen verschärfen sich die Aggressionen, entwickeln sich Kleinigkeiten zu Auslösern für Familienkatastrophen – „es ist der Alltag, die Arbeitslosigkeit des Mannes, die Auseinandersetzungen am Eßtisch und in der Küche, der Kampf ums Vorrecht auf dem Klosett. Es sind die Gerüche." (S. 39) –, werden Generationskonflikte bis ins hohe Alter konserviert. Die Nähe wirkt quälend; insofern ist die Großfamilie Schutzraum und Käfig zugleich.

In den zwanziger Jahren kämpfen sie gegen Arbeitslosigkeit und Hyperinflation – „die Blechschachtel mit dem Geld" (S. 5), die Gabrieles Urgroßmutter 1923 ihrer Familie vorzuenthalten versucht, wird kurze Zeit später ohne jeden Wert sein. Die Hektik der Weltwirtschaftskrise macht alle Zukunftspläne zunichte. Orientierungen, die bewährte weltanschauliche und soziale Ordnungen boten, verlieren an Glaubwürdigkeit. Ein Prozess des Umwertens aller Werte setzt ein, der den einzelnen zwingt, nach neuen Sinnordnungen zu suchen. Unsicherheit und Desorientierung prägen das Lebensgefühl in allen Bereichen. Es entstehen neue Sinnangebote, die in ihrer Vielfalt von reaktionärer Rückorientierung bis zu revolutionärem Fortschrittsoptimismus reichen. In seiner Unsicherheit versucht das Kleinbürgertum in dieser Lage, politischen Festlegungen zu entgehen, um sich in der Öffentlichkeit nicht zu kompromittieren.

Denkbar unpolitisch ist auch die Ausrichtung in dieser Familie. Es gibt – von den Zu-Kurz-Gekommenen abgesehen, die ihr Heil im Nationalsozialismus suchen – keine eindeutigen Positionen: die Urgroßmutter ist stolz auf ihren verstorbenen Sohn Paul, seine Bildung und seinen Werdegang – wobei dessen sozialistische Utopie für sie zweitrangig erscheint (s.S. 75); der Großvater betreut „Abend für Abend Kranke und Invalide" (S. 63), spricht sich im privaten Kreis gegen die nationalsozialistische Regierung aus, passt sich aber den Verhältnissen an; Lieschen kümmert sich nicht um Politik – „Laß doch, Gustav, hat sie immer gesagt, wir haben unser Auskommen." (S. 73) –, ist aber verärgert über ihren Schwiegersohn, der „Sozi oder Kommunist" ist, auf jeden aber Fall arbeitslos (S. 38). Susanne engagiert sich für jüdische Bekannte, wehrt sich aber nicht gegen den Parteieintritt ihres Mannes, der seinen Widerstand laut kund tut und dennoch Parteimitglied wird. Gabriele wirkt in einer kirchlichen Untergrundgruppe mit, wird aber trotzdem, wenn auch nur für kurze Zeit, Mitglied im BDM.

Politisches Engagement ist auch nach der Kapitulation des Drittes Reichs verpönt, eine allgemeine Lethargie prägt das politische Leben im Nachkriegsdeutschland der ersten zwanzig Jahre. Die bundesdeutsche Gesellschaft identifiziert sich mit wenig mehr als dem Erfolg ihrer Wirtschaftsordnung. Dieses Meinungsklima spiegelt das Verhalten von Gabrieles Mann Jörg, der in den fünfziger und sechziger Jahren aktiv in der Gewerkschaft und im Betriebsrat seiner Firma arbeitet, aber seine Tochter ohrfeigt, als die im Verlauf der Studentenbewegung politisch aktiv wird. Erst in der letzten Generation spaltet sich die politische Gleichgültigkeit in zwei eindeutig orientierte Stränge: die von Berufsverboten verfolgte Tochter Renate bildet den einen, die auf ihr privates Glück ausgerichtete Claudia den anderen Pol des gesellschaftlichen Engagements.

Beschränkte Wohnverhältnisse

Das Familienleben wird durch die beschränkten Wohnverhältnisse geprägt, ihnen zu entkommen ist eines der ersten Ziele bei dem Versuch, den gesellschaftlichen Aufstieg zu schaffen. Die Wohnung der Großeltern in Moabit hat lediglich drei Zimmer und eine Küche, kein Bad. Alle Räume müssen mehrfach genützt werden, Rückzugsmöglichkeiten gibt es lediglich für die Urgroßmutter. Hier leben bis zu sieben Familienmitglieder bis 1933 und ab 1942 zusammen – in welch bedrückender Enge, lässt sich heute kaum noch erahnen.

Geruchsimpressionen als Ausdruck sozialer Verhältnisse

Die beengte Wohnsituation und, damit verbunden, unzulängliche hygienische Verhältnisse lassen eine Vielzahl von Gerüchen und eine ausgeprägte Geruchsempfindlichkeit entstehen. Eine wahre Welt von Geruchs- und Duftimpulsen entfaltet sich in diesem Roman. Die Duftstoffe wirken auf die Psyche und werden stets mit positiven oder negativen Empfindungen verbunden. Der deftige Wohn- und Essensgestank ist Ausdruck der sozialen Verhältnisse – „die bekannten Gerüche, Kartoffeln, Kohl, Rüben und Windeln, immer in Seifenlauge kochende Windeln" (S. 9) – Er ist fast ausschließlich auf die ärmlichen Verhältnisse bezogen und eindeutig negativ besetzt, Susanne wie Gabriele ekeln sich vor den üblen Gerüchen ihrer Umgebung (S. 39/93).

Körpergerüche

Ebenso intensiv werden Körpergerüche wahrgenommen. Das reicht vom angenehmen Duft, der vor allem bei und von Frauen konstatiert wird: dem „Katzengeruch der Mädchen" (S. 8), dem „Geschmack nach Nuß und Fisch" (S. 88) bis zu der unangenehmen Selbstwahrnehmung, wenn Gabriele ihre Tage hat, einem „jähe(n) Ekel, sich selber zu riechen, den Blutstoß, zwei Tage zu früh" (S. 343). Alkohol und Tabakausdünstungen charakterisieren den sozialen Abstieg etwa bei Gabrieles Großmutter (S. 48f.); der Tod wird durch den Geruch von Schweiß und Urin offensichtlich (S. 74).

Freiheitssehnsüchte

Gegenüber den scharf riechenden oder stinkenden sozialen Gerüche, gibt es auch Düfte, die mit Freiheit und persönlicher Entfaltung assoziiert werden. Sie werden stets mit „natürlichen" Duftträgern verknüpft, etwa dem Geruch von Borke (S. 28) oder dem „Sonnengeruch der Haut" (S. 32), dem „Holzgeruch der Dörfer, de(m) Calmusgeruch der Seeufer". Ebenso können Gewürze zu Auslösern für Phantasiereisen werden (s. S. 62). Werden die Naturelemente allerdings mit dem Tod von Menschen verbunden – so bei den Kriegserinnerungen von Gabrieles Vater (s. S. 17) oder während der Taxifahrt zur Beerdigung des Großvaters (s. S. 81) –, erscheint Geruch kaum aushaltbar.

Die zweite Wohnung, in die Gabrieles Eltern in den neun dazwischen liegenden Jahren ziehen, hat bereits größere Ausmaße: mit zwei Zimmern und einer eigenen Badewanne erscheint sie fast luxuriös, wie Susanne betont (s. S. 102). Sie liegt in einem Berliner Arbeitervorort – Oberschöneweide – und ist geprägt durch enge nachbarschaftliche Kontrolle, die bis zur Denunziation reichen.

Gabrieles dritte Wohnung liegt im gutbürgerlichen Berliner Westend – sie hat als weiteren Luxus ein Badezimmer, dazu eine „geräumige Diele" und Küche, ein Wohn-/Schlafzimmer und ein Esszimmer. Der Wohnungsmangel in der Nachkriegszeit lässt die Familie zusammenrücken. Der Schwiegervater richtet sich hier seine „Wohnhöhle" ein, er haust „hinter dem Buffet verbarrikadiert" (S. 198/204). Diese Raumnot, unter deren fehlender Intimität Gabriele vor allem leidet, ist aber ebenso eine Folge der Unfähigkeit Jörgs, sich von seinem (Über-)Vater zu lösen (s. S. 209). In den gutbürgerlichen Westend-Verhältnissen fühlt sich Gabriele daher nicht zu Hause (s. S. 221), es zieht sie offensichtlich in den Berliner Osten, nach Moabit.

Erst die letzte Wohnung, die sie 1957 mit ihrem Mann und den beiden Töchtern bezieht, lässt erträgliche Verhältnisse spüren: eine Dreizimmerwohnung mit Bad und Küche, für Jörg das

Die letzte Wohnung – ein Aufstieg

„Ziel" seiner Wünsche (S. 264). Noch immer aber hat Gabriele keine Möglichkeit sich zurückzuziehen oder in Ruhe an ihren Rundfunkbeiträgen zu arbeiten – das wird erst möglich, als Renate aus dem Haus geht.

Die Veränderung der Wohnorte markiert damit den sozialen Aufstieg der Familie. Die Silhouette von Berlin bildet den Hintergrund, vor dessen Glanz und Hinterhofschäbigkeit, seiner Zerstörung und seinem Wiederaufbau die Lebenssituation von fünf Generationen geschildert wird. Im Wechsel der Wohnverhältnisse lässt sich eine Geschichte des sozialen Wandels im deutschen Kleinbürgertum zeigen. Deutlich wird die Verbesserung der Lebenslage, ebenso eindeutig ist aber der Aufstieg auch begrenzt durch historische Ereignisse und ökonomische Bedingungen.

2. Der Roman als Zeitpanorama

Privatgeschichte und Zeitgeschichte sind eng verwoben. Das politische Klima Berlins prägt in vielfältiger Weise das Leben im Alltag der „kleinen Leute". In der einstigen Reichshauptstadt und späteren „Frontstadt" wird sehr direkt spürbar, welche Konsequenzen die politische Großwetterlage, ökonomische Entwicklungen oder militärische Entscheidungen für die Menschen in Deutschland haben. Das gilt für alle Schichten, in besonderer Weise sind aber die davon betroffen, die am wenigsten Einfluss auf das politische Geschehen haben.

Politik aus persönlicher Perspektive

Festzuhalten ist allerdings, dass der Roman kein Geschichtsbuch sein kann und auch nicht will. Alle politischen Ereignisse werden doppelt durch die Perspektive Gabrieles – oder in den ersten fünf Kapiteln der übrigen Familienmitglieder – gefiltert: sie nimmt nur wahr, was sie auch interessiert – vieles, was zwischen 1923 und 1978 geschieht, wird schlicht ausgeblendet, auch wenn es sich um bedeutsame Ereignisse handelt – und sie hat ihre eigene Einschätzung der Verhältnisse. Sie nimmt Stellung gegen die „Schweigende Mehrheit", wenn es um die Gegner des nationalsozialistischen Systems oder den Aufruhr der Studenten in Westberlin geht, sie engagiert sich für Strafgefangene und Gastarbeiter. Keinesfalls geht sie ausgewogen vor. Dieses Verfahren von Ingeborg Drewitz, Politik aus der Alltags-Froschperspektive einer kleinbürgerlichen Familie zu schildern, verlangt einen politisch und historisch sehr bewussten Leser, der die Leerstellen füllen und damit die Bedeutung von Haltungen und Verhaltensweisen erst einschätzen kann.

Nur sehr vage kommt daher die Politik der zwanziger Jahre im Romangeschehen zum Ausdruck. Für das kleine Mädchen werden die massiven Auseinandersetzungen linker und rechter Parteien in familiären Meinungsverschiedenheiten zwischen dem Großvater und seinem Bruder Bruno (s. S. 42f.) oder den herablassenden Äußerungen der Großmutter über ihren Schwiegersohn (s. S. 38) deutlich. Im Zentrum des Familienalltags steht die Erfahrung von Geldentwertung und Arbeitslosigkeit, die sich in Ohnmachtsgefühlen des Vaters und den daraus resultierenden Hassgefühlen zwischen den Eltern spiegeln. Die ökonomischen und politischen Ursachen der Rezession werden gerade nicht erkannt, daher lasten Susanne und ihre Familie die Arbeitslosigkeit als persönliches Versagen dem Vater an. Andere Ereignisse zwischen der Besetzung des Ruhrgebiets 1923 und der Ernennung Hitlers zum Reichskanzler 1933 spielen keine Rolle.

Die 20er Jahre in Gabrieles Familie

Ähnliches gilt für das Dritte Reich. Äußerlich passt sich die Familie an, wobei Geschlechterdifferenzen deutlich werden: Susanne und Gabriele äußern kein kritisches Wort, entziehen sich aber weitgehend den geforderten Normen der Nationalsozialisten, versuchen sich auf minimalem Niveau zu bewegen und engagieren sich für die alltäglichen Bedürfnisse der Opfer. Gabrieles Vater äußert sich vehement gegen den Propagandakult der Nazis, wird aber Mitglied

Reaktionen auf den Faschismus

in der NSDAP und übernimmt eine – wenn auch untergeordnete – Funktion in der Partei.

Auch in dieser Zeit extremer politischer Absorption spielt deutsche Politik im Familienleben eine Nebenrolle. Zwar wird die Verantwortung der Nazis für den Reichstagsbrand von Gabrieles Vater erkannt (s. S. 56/58), weitere Gedanken über die Installation der totalitären Diktatur bleiben jedoch ausgespart. Er versucht den politischen Spagat: sein Eintritt in die NSDAP erfolgt aus der Hoffnung, so seine Chancen auf einen Arbeitsplatz zu vergrößern. Den Opportunismus motiviert er durch seine Sorge um die Familie. Der tiefere Grund für sein Arrangement mit dem System liegt aber wohl darin, das eigene Selbstvertrauen in der Arbeit wiederzufinden und damit auch seine Frau zu erniedrigen, deren moralisches Empfinden er, wie er weiß, damit zutiefst treffen kann. In seiner Unbeherrschtheit sieht die Autorin die psychischen Konsequenzen des Arbeitsplatzverlustes und damit die Anfälligkeit für faschistische Ideologien nicht nur in der Zeit des Dritten Reichs:

Opportunismus des Vaters

> „Denn die Arbeitslosigkeit ist für den einzelnen Betroffenen so wenig zu begreifen, zu leben, daß er für politische Emotionalität anfällig wird." (Ingeborg Drewitz: Neonazismus – keine Bagatelle mehr, in: dies.: Kurz vor 1984. Literatur und Politik, Stuttgart 1981, S. 130f.)

Unterstützung von Juden durch die Mutter

Ganz anders dagegen ist die Arbeit Susannes: sie engagiert sich karitativ und setzt damit die Tätigkeit ihres Vaters für die Opfer der nationalsozialistischen Repression fort. Insgeheim unterstützt sie jüdische Menschen, die sie in ihrer Nachbarschaft kennt. Nur ihrer Tochter vertraut sie sich an, und selbst das nur in knappen Sätzen (s. S. 89).

Gleichgültigkeit der Großmutter

Die nationalsozialistische Politik der ersten Jahre wird lediglich angerissen, wenn Alice in einem inneren Monolog rekapituliert, was ihren Mann „zu sehr auf(geregt)" habe: „die

110

Olympiade (...), die Hetzerei gegen die Juden, die Sozis, die Kommunisten, die Marschiererei und Brüllerei und vor zwei Jahren die Sache mit Röhm und dem Ämterschmuggel nach Hindenburgs Tod" (S. 73). Der ungeordneten Reihung der Ereignisse lässt sich leicht entnehmen, dass für sie selbst wenig Aufregendes zu erkennen ist. Relevanter wird der propagandistische Erfolg der Olympischen Spiele von 1936, denn an der „Ehre", daran teilzunehmen, ist auch Gabriele beteiligt (S. 81). Sie sieht darin zunächst eine Aufwertung ihrer Person, bis sie mit dem Tod ihres Großvaters die Massenveranstaltung skeptischer beurteilt.

Die zeitliche Abstufung der antisemitischen Politik wird erkennbar, wenn Verordnungen genannt werden, durch die jüdisches Leben in Deutschland seit 1933 betroffen ist (s. S. 107/118). Sie lassen spürbar werden, welche Bedeutung Susannes Untergrundarbeit besitzt. Durch die brennenden Synagogen in der Reichspogromnacht 1938 wird Gabriele dazu gebracht, nach kurzer Mitgliedschaft aus dem BDM auszutreten. Die Rassenpolitik endet im Holocaust – einem in seiner Grausamkeit auch für die Unterstützergruppe kaum glaublichen Geschehen: „Daß es so schlimm ist, haben sie trotz allem nicht glauben wollen, haben die Versteckten betreut, um sie vor den Lagern zu schützen, vor der Folter, vor dem Hohn und vor dem Hunger." (S. 119)

Erfahrung des Antisemitismus

Stichwortartig wird der Anschluss Österreichs ans Deutsche Reich 1938 eingeblendet (s. S. 94), die Verhaftung Pastor Niemöllers erwähnt (s. S. 96) Erst die Kriegsjahre nehmen einen breiteren Raum im Roman ein, weil sie massiv auf das alltägliche Leben einwirken. Zunächst werden weite Teile der Bevölkerung in Siegestaumel versetzt; einer der Höhepunkte ist die Kapitulation Frankreichs am 22. Juni 1940, die als Revanche für den Versailler Friedensvertrag gefeiert wird. Der Tag markiert auf ganz andere Weise einen bedeutsamen Punkt in Gabrieles Leben – sie schläft, isoliert von den Sieges-

Kriegsfolgen

feiern, an diesem Tag zum ersten Mal mit einem Mann.

Dienstpflicht der Frauen

Gabriele studiert an der Universität und arbeitet gleichzeitig in der Kriegsproduktion. Ihre Doppelbelastung spiegelt die Strapazen vieler Frauen während der Kriegsjahre: Frauenarbeit wird unerlässlich; sie bleibt aber unpopulär. Die allgemeine Dienstpflicht für Frauen zwischen 17 und 25 Jahren, die in keinem Beschäftigungsverhältnis stehen, wird nur wenige Tage nach dem Überfall auf Polen am 4. September 1939 verkündet. Die meisten schulentlassenen jungen Frauen müssen damit ein halbes Jahr Arbeitsdienst und direkt im Anschluss daran ein halbes Jahr „Kriegshilfsdienst" absolvieren. Studentinnen sind ihnen gegenüber privilegiert: sie werden zwar im „Landdienst", im „Fabrikdienst", „Ernteeinsatz" oder „Rüstungseinsatz" beschäftigt, müssen aber nicht ein ganzes Jahr lang diese lästigen Verpflichtungen erfüllen. Anweisungen für eine generelle Dienstverpflichtung bleiben dem „totalen Krieg" vorbehalten.

Der „totale Krieg"

Mit der Niederlage von Stalingrad im Winter 1942/43 setzt die Wende im Eroberungskrieg Hitlers ein. Die Konsequenzen sind nicht nur auf den Kriegsschauplätzen zu erkennen – „Rückzüge an allen Fronten, Partisanenkämpfe" (S. 122) –, sondern wirken sich auch an der Heimatfront aus. In Gabrieles Betrieb werden Gerüchte über den Widerstand der Geschwister Scholl, den Warschauer Ghettoaufstand und weitere Kriegsniederlagen laut und weisen auf das bevorstehende Fiasko voraus (s. S. 130). Goebbels Sportpalastrede vom 18. Februar 1943 ist der Versuch einer propagandistischen Überwältigung, die jedoch als bloße Farce schnell erkennbar wird. Es sind die Alliierten, die den totalen Krieg führen. Die Luftherrschaft der anglo-amerikanischen Flugzeuge führt zu einem flächendeckenden Bombardement auf die deutschen Großstädte, dem am 13. und 14. Februar 1945 Dresden ausgesetzt ist (s. S. 135/138). Der Alltag wird schwieriger und gefährlicher: während der Luftangriffe versucht Gabriele, „sich bis Moabit durchzuschlagen" (S. 132), Lebensmittelrationen werden auf ein Minimum reduziert; „vor der Uralten müssen sie die Lebensmittel verschließen" (S. 131). Gabrieles Gruppe gerät in den Dunstkreis des Attentats vom 20. Juli, denn „die graue Lehrerin (soll) in Ostpreußen vom Unterricht weg verhaftet worden sein." (S. 136)

Über die Schlussphase des Zweiten Weltkriegs wird nur noch knapp berichtet; tagebuchartige Einträge verzeichnen die wesentlichen Ereignisse vom Januar/Februar (s. S. 136) und Februar/März 1945 (s. S. 141f.), in Stichworten die Kapitulation von Berlin am 2. Mai und die des gesamten Reichs am 8. Mai (s. S. 146/149). Wichtiger als der Zusammenbruch Hitler-Deutschlands erscheint das eigene Überleben in einer chaotischen Umwelt: zwischen marodierenden Besatzungssoldaten und demontierten Fabrikhallen, der Trümmerarbeit der Frauen, Hamsterfahrten und Schwarzmarkthandel bleibt kein Gedanke für das Elend anderer. Mitleid gibt es weder für die ehemaligen KZ-Häftlinge, die fast 10 Millionen „Displaced Persons", die sich nach Kriegsende auf Reichsboden befinden (s. S. 158), noch für die Opfer des Atombombenabwurfs auf Hiroshima und Nagasaki (s. S. 164).

Apokalyptische Schlussphase

In den Jahren vor der Währungsreform entsteht ein politisches Vakuum, die „Stunde Null", die durch eine tiefe Infragestellung der sozialen Beziehungen, Verhaltensweisen, Einstellungen und Werte charakterisiert wird. Sie scheint den Aufbruch in eine grundsätzlich andere Gesellschaft zu ermöglichen, die unter den Stichworten Demokratie und Christentum, Sozialismus und Pazifismus mit viel Idealismus aufgebaut werden soll – so jedenfalls liest sich das Programm von Gabrieles Zeitschriftengruppe (s. S. 169/174f.), in ähnlicher Weise artikulieren sich auch die vier damaligen Lizenzparteien CDU/CSU, SPD, LDP/FDP und KPD.

Die „Stunde Null"

Abgelöst durch den „Kalten Krieg"

Sehr schnell allerdings verrinnen die Hoffnungen auf den Beginn einer besseren Zukunft, einen neuen Geist, eine gerechte Gesellschaft. Wie sehr in der Umbruchphase dieser „Stunde Null" bereits Realpolitik betrieben wird, um Interessensphären abzustecken, lässt Ingeborg Drewitz am Beispiel der Parteien- und Gewerkschaftszusammenarbeit in den vier Besatzungszonen Berlins deutlich werden. Im sechsfach wiederholten „Noch" dieses Abschnitts werden anfängliche Hoffningenen wie spätere Enttäuschungen spürbar (S. 167). Mit der Währungsreform am 21. Juni 1948 und der sowjetischen Blockade der Zufahrtswege nach Berlin drei Tage später wird offensichtlich, dass Berlin zum Brennpunkt des Kalten Krieges geworden ist: „Der Nachkrieg hat begonnen" (S. 196). Die politische Eiszeit spiegelt sich in Gabrieles Privatleben. Sie bindet sich ausgerechnet an den Mann, der am meisten Sinn für Realpolitik und das geringste Gespür für idealistische Zielsetzungen besitzt. In den folgenden Jahren verliert sie das Gefühl zu „wissen, was jung ist" (S. 167), sie bekommt zwei Töchter und versorgt den Haushalt. Für politische Ereignisse hat sie ebensowenig Zeit wie für Literatur. Die Gründung der Bundesrepublik nimmt sie allenfalls beiläufig zur Kenntnis (s. S. 202).

Arbeiterwiderstand und privater Aufbruch

Erst der Aufstand vom 17. Juni 1953 erhält eingreifende Bedeutung für sie. Die gewaltsame Repression der DDR-Politik hat sie bereits durch Berichte von Ruths Mutter kennengelernt: 25 Jahre Gefängnis für ihre Tochter sind die Antwort des Staates auf Schulden und die anschließende Flucht eines Onkels (s. S. 239). Vom Widerstand der Arbeiter erfährt Gabriele durch ihren Vaters, der in Ostberlin arbeitet und durch Verwandte, die sie nach ihrer Flucht aus der Mark Brandenburg aufsuchen. Deren Aufbruchsstimmung hat Konsequenzen für ihr eigenes Leben: Gabriele „wirft die Schlaftabletten, die sie hinter der Bettwäsche gesammelt hat, nacheinander ins Klosett." (S. 225). Sie entscheidet sich für ein selbstbestimmtes Leben.

Die Politik der fünfziger Jahre wird auf den folgenden Seiten fast vollkommen ausgeblendet. Gabriele lebt in der westdeutschen Provinz, ist mit den Kindern und ihrem Studium beschäftigt; die Briefe, Postkarten und Telegramme an ihren Mann berichten von ihrem privaten Leben. Was in der internationalen Politik geschieht, spielt dabei kaum eine Rolle. Zwei knappe Sätze lassen en passant anklingen, was zu den Hauptschlagzeilen dieser Jahre gehört: „Stalin ist ja nun tot." (S. 229) und „In Ungarn ist der Aufstand niedergeschlagen worden." (S. 245)

Die Politik der Adenauer-Ära: ausgeblendet

Die Innen- wie Außenpolitik der Adenauerära ist heftig umstritten. Westintegration und NATO-Beitritt, die Gründung der Bundeswehr 1956 treffen auf den heftigen Widerstand innen- wie außerparlamentarischer Opposition. Dass darüber in der Kulturredaktion des Hessischen Rundfunks nicht debattiert worden sein soll, erscheint kaum vorstellbar.

Deutlich lässt das Protokoll einer Redaktionssitzung vom 9. Dezember 1956 allerdings das politische Klima dieser elend spießigen, bleiernen Zeit hervortreten, geprägt durch „Untertanenkultur", ein distanziertes Demokratieverständnis, den wirtschaftlichen Aufschwung und einen ausgeprägten Antikommunismus. Es belegt, wie ein nach Osten gerichtetes Feindbild instrumentalisiert wird, um Positionen innerhalb der Rundfunkhierarchie zu besetzen. Differenzierungen – „Gabriele M. versucht ihm klarzumachen, daß der Stalinismus und seine Folgen nicht dem unterschiedlichen sozialkritischen bis sozialistischen Engagement der deutschen Schriftsteller in den zwanziger Jahren zur Last gelegt werden könnten" (S. 248) – kommen gegen den inkriminierenden Ideologieverdacht nicht an, der zur politischen Zensur auffordert. In dieser Hinsicht ändert sich auch in den folgenden Jahrzehnten wenig; Zensurforderungen gegenüber kritischen Beiträgen Gabrieles werden immer wieder laut (s. S. 275/372f.).

**Der Mauerbau
1961**

Erst nachdem Gabriele zu ihrem Mann nach Berlin zurückgekehrt ist, spielt das politische Geschehen wieder eine Rolle für ihr privates Leben und für ihre Arbeit. Auseinandersetzungen über konkrete Pläne der Bundesregierung für eine atomare Bewaffnung der Bundeswehr 1958 lassen bei ihr eher diffuse Ängste um die Zukunft ihres neugeborenen Kindes entstehen; Erinnerungen an die Opfer der Atombomben werden wach. Eine neue Berlinkrise wird durch Chruschtschows Ultimatum 1958 angeheizt – aggressiv fordert er einen Friedensvertrag mit der Sowjetunion, den Abzug der alliierten Truppen aus Berlin und die Umwandlung Westberlins in eine „entmilitarisierte und freie Stadt". Er droht mit einer Blockade der Stadt, stellt sogar einen thermonuklearen Krieg in Aussicht, sollten die Westmächte mit Gewalt reagieren. Mit diesem Muskelspiel macht die UdSSR erneut auf die isolierte und gefährdete Lage Westberlins aufmerksam. Es bleibt zwar bei Absichtserklärungen und dem Vorzeigen der Folterwerkzeuge, die Krisenstimmung bleibt aber latent vorhanden und verschärft sich in den folgenden Jahren. Sie führt zu einem Ansteigen der Flüchtlingszahlen aus der DDR und damit letztlich zum Mauerbau 1961. Gabrieles Stoßseufzer – „Einmal da leben, wo keine Geschichte stattfindet. Wo nicht täglich welche alles stehen- und liegenlassen und andere nicht über die Stadtgrenze dürfen, um ihren Kindern die Wiesen und Dörfer zu zeigen." (S. 273) – trifft das Lebensgefühl der meisten Berliner in dieser Zeit.

**Berliner Stadt-
geschichte**

Die Hektik der Ereignisse um den 13. August 1961 lässt auch Gabriele aus ihrer Lebenskrise aufschrecken – ähnlich wie 1953 fühlt sie den Impuls neu anzufangen: „Wie da noch an die eigenen Defizite denken?" (S. 279). Konsequenzen bleiben jetzt aber aus; sie richtet sich in ihrer Familienfunktion ein, sie „weiß, daß sie das aushält, daß sie sich angewöhnt hat, das auszuhalten." (S. 281). In ihrer Arbeit beschränkt sie sich auf historische Stadtschilderungen und lässt das weltpolitische Geschehen nicht mehr auf sich einwirken, „weil sie wie unter einem Glassturz lebt, ohnmächtig den Nachrichten ausgesetzt: Ende des Algerienkrieges, Kuba-Krise, Spiegelaffäre, Atomversuche, Satelliten, Kennedy und Chruschtschow, Black-Panther und Eskalation des Vietnamkrieges" (S. 286). Diese Lethargie bleibt auch in den folgenden Jahren bestimmend. Erst durch ihre Tochter Renate wird Gabriele 1966 erneut herausgefordert, die politische Wirklichkeit zur Kenntnis zu nehmen und Stellung zu beziehen. Die Provokationen der Studentenbewegung treffen in Berlin auf eine besonders sensible Öffentlichkeit, die Jahrzehnte lang in den Schemata des Kalten Kriegs zu denken gelernt hat und durch die Politik der DDR immer wieder darin bestätigt worden ist. Die Sensationsgier der Medien – insbesondere der Springer-Presse – tut ein weiteres, um ein Klima von Lynchjustiz zu schaffen. Dem Geist der BILD-Zeitung folgend – „Zwei Millionen Berliner lassen sich nicht von 1500 Wirrköpfen auf der Nase herumtanzen. Sie werden dafür sorgen, daß in Zukunft ähnlichen Demonstrationen die gebührende Antwort zuteil wird" (BILD vom 7. 2. 1966, zitiert in: Der Spiegel 19/1968, S. 38) – handelt auch Jörg. Seine Ohrfeigen bestätigen Renate in ihrer Position und zwingen Gabriele an ihre Seite.

In den folgenden Monaten überschlagen sich die Ereignisse: während der Anti-Schah-Demonstration vom 2. Juni 1967 wird der Student Benno Ohnesorg von einem Polizisten erschossen. Gabriele ist als Reporterin anwesend, mit ihrem Tonbandgerät fängt sie die Stimmung vor dem Berliner Opernhaus ein: „Brutalität, Haß, Menschenjagd. Die Schüsse hört sie nicht im Gebrüll." (S. 302).

Zunächst wird das Opfer zum Täter gemacht. Die erste Erklärung des regierenden Bürgermeisters Heinrich Albertz, die über den Rundfunk verbreitet wird, ist in diesem Tenor gehalten. Die präzise und detaillierte Darstellung

Studenten-bewegung: der Aufbruch '68

Autobiographi-sche Sympathien

der Ereignisse im Roman zeigt, wie eng die Autorin ihre Protagonistin nun an die politischen Ereignisse heranführt – das in völligem Gegensatz zu ihrem bis dahin distanzierten, politikfernen Beobachterstatus. Hier ist Ingeborg Drewitz selbst involviert, die deutlich mit der Studentenbewegung sympathisiert. Über ihre Einschätzung der Ereignisse äußert sie sich in einem Rundfunkinterview:

> „Also ich stand ihr sehr positiv gegenüber. Weil ich verstanden habe, daß dieses Engagement damals ausgelöst worden ist durch den Vietnamkrieg. Von dem Vietnamkrieg, den die USA geführt haben, die uns eigentlich hatten belehren wollen, was wir geschichtlich falsch gemacht hatten und eigentlich uns hatten führen wollen zu einem anderen Selbstverständnis (…) Ich habe ein Telegramm geschickt, als der Ohnesorg (…) erschossen war (…) Da habe ich ein Telegramm an den damals regierenden Bürgermeister, das war ja noch Albertz, geschickt. Seitdem sind wir befreundet. Und zwar richtig gut befreundet." (Günter Demin: Mensch und Werk: Ingeborg Drewitz. Vorgestellt. Radio Bremen. Hörfunk, 15. 2. 1982, abgedruckt in: Barbara Kliesch: „Engagiert leben" Literatur und Engagement bei Ingeborg Drewitz, Hausarbeit zur Erlangung des magister artium der Universität Bamberg 1989 [unveröffentlicht], S. 143)

In den folgenden vier Jahren verfolgt Gabriele das politische Geschehen mit großem Interesse und hautnah; nach dem Attentat auf Rudi Dutschke vom 11. April 1968 mischt sie sich unter die Menschenmenge und wird mit dem aufgeputschten Meinungsklima direkt konfrontiert (s. S. 309f.). Sie berichtet über Protestkundgebungen in Frankfurt gegen die Verabschiedung der Notstandsgesetze (s. S. 311).
Auch die allgemeinpolitische Entwicklung trifft auf neues Interesse, erkennt sie doch, dass die Repression international ist und die Themenfelder der Protestbewegung nicht mehr na-

tional eingegrenzt werden können. Sie reichen von den USA über Vietnam, Lateinamerika, dem Kongo, Griechenland, der Tschechoslowakei, China bis zur Bundesrepublik (s. S. 318/339). Vor allem das Scheitern des „Prager Frühlings" durch die Invasion der Warschauer-Pakt-Staaten gilt als Ende einer Hoffnung auf eine sozialistische Herrschaftsform jenseits des „real existierenden Sozialismus".

Renates Sympathien gelten dem 21-jährigen Studenten Jan Palach, der sich aus Protest gegen die sowjetische Besetzungspolitik auf dem Wenzelsplatz in Prag selbst verbrannt hat. Auch hier lässt sich im Verhalten von Mutter und Tochter ein Muster erkennen, dass ihr unterschiedliches Engagement durchzieht. Renate will sich als Person einbringen, aktiv selbst im Ausland Veränderungen anstoßen – auch auf das Risiko hin, polizeilich belangt zu werden, während Gabriele aus der Distanz der Reporterin das aktuelle Geschehen in den historischen Kontext einzubinden versucht.

1970 bereits zerfällt die außerparlamentarische Opposition in unterschiedliche Gruppen und Parteien; am 21. März löst sich der SDS-Bundesvorstand formell auf. Der Radikalenbeschluss vom 28. Januar 1972 macht die engen Grenzen linken Engagements in der Bundesrepublik offensichtlich. Auch die Erscheinungsformen jugendlicher Gegenwelten ändern sich, wie die Autorin mit spürbarer Enttäuschung beschreibt: „Literaturveranstaltungen verlaufen wieder störungsfrei, keine aufgeregten Fragen mehr, keine Diskussionen über den Sinn oder Unsinn von Literatur, farbenfrohe Tücher, lange, selbstgestrickte Schals, Koketterie." (S. 355)

Auflösung der Studentenrevolte

Gabriele folgt diesem Trend nicht; sie lässt sich auch weiterhin von den Nachrichten irritieren, die zahlreichen Skandale und die Hoffnungszeichen in der internationalen Politik treffen sie in gleicher Weise wie alltägliche Rücksichtslosigkeit im Supermarkt. Sie ist jedoch nicht in der Lage, die Ereignisse zu kategorisieren und

Gabrieles Haltung bleibt unverändert

läuft damit Gefahr, von der schieren Quantität erschlagen zu werden. Im letzten Abschnitt aus dem „Arbeitstagebuch zum Roman" verdeutlicht Ingeborg Drewitz Gabrieles gefährdete Position: „Wie aber ist es mit den Nachrichten, den Informationen? Sollten sie registriert werden, um Gabriele später besser begreifen zu können, ihre Melancholie und geduldig ungeduldige Ausdauer?" (S. 358) Zur Maxime ihres Handelns wird letztlich „das Mitleid", das diskriminierten Gruppen in der eigenen Bevölkerung wie den Unterdrückten anderer Länder gilt.

Mitleid als Maxime des Handelns

Die Ambivalenz dieser Haltung wird deutlich, wenn sich Gabriele am Ende des Romans mit ihrer Tochter zusammensetzt: sie ist stark genug, sich endlich dieser Auseinandersetzung zu stellen, aber zu schwach, um selbstbewusst zu argumentieren. Ihre resignative Haltung – „Der Satz taugt nicht: Sich selbst verwirklichen." (S. 369) – macht deutlich, dass sie auf eigene Ansprüche verzichtet, um sich für die anderer einsetzen zu können. Dass damit eine Veränderung der gesellschaftlichen Verhältnisse gerade nicht erreicht wird, sieht ihre Tochter deutlich. Bei aller Liebe zur Mutter entzieht sie sich daher ihrem Umarmungsversuch und bleibt dem eigenen Ansatz treu, auch wenn die Öffentlichkeit, die sie erreichen will, unbeeindruckt bleibt.

3. (K)ein Frauenroman?

Ingeborg Drewitz im Kontext der Frauenbewegung

Distanz gegen den Begriff „Frauenliteratur"

Vehement wendet sich die Autorin gegen alle Versuche, ihren Roman unter der Rubrik „Frauenliteratur" einordnen zu lassen:

> *„Der Roman ist kein Frauenroman, obwohl eine Frau im Mittelpunkt steht. Es ist erfahrene Zeit, von einer Frau erfahrene Zeit." (Die Utopie vom*

Glück. Ein Gespräch mit Ingeborg Drewitz, in:
Bücherkommentar 5/6, Nov./ Dez.1978)

In den siebziger Jahren, als dieses Segment auf
dem Buchmarkt boomt, eigene Verlagsreihen –
etwa „Die Neue Frau" bei Rowohlt – erfolgreich aufgelegt werden, macht es Sinn, auch
den Roman der Drewitz unter diesem werbe-
trächtigen Argument zu vermarkten.
Die Autorin steht aber offensichtlich auf
Kriegsfuß mit den Werken zahlreicher Autorinnen, die als „Frauenromane" gehandelt werden. Dabei erweist sie sich als engagierte Ken-
nerin und Kritikerin der zeitgenössischen Literatur. In einem ausführlichen Essay setzt sie
sich 1975 mit dem Frauenbild in Werken ihrer
männlichen Kollegen und derjenigen von Ingeborg Bachmann, Marie Luise Kaschnitz,
Gabriele Wohmann, Renate Rasp, Christa Wolf,
Karin Struck, Gerlind Reinshagen u.v.a.m. auseinander. Dabei distanziert sie sich von einem
holzschnittartig-naiven Mutterbild, wie sie es
etwa bei Borchert, Böll oder Härtling vorfindet
ebenso wie von der westdeutschen Emanzi-
pationsliteratur, die sie geprägt sieht durch
„Zynismus, Spott, Haß (...), Waffen, die Stärke
vortäuschen, intellektuelle Überlegenheit,
Aufbegehren gegen die bürgerlich abqualifi-
zierte Familie, Ehe, Mutterschaft." (Frauen-
Emanzipation in der deutschen Gegenwartsliteratur, in: Neue Deutsche Hefte 148/1975 H. 4,
S. 779)
Es sind im wesentlichen zwei Aspekte, in denen
sich die Autorin von ihren Kollegen und Kolleginnen absetzt: Zwar schildert auch sie die Reduzierung der Frau durch Ehe und Familie und
geht detailliert auf die Doppelbelastung in
Haushalt und Beruf ein, aber sie sieht eine Lösung der Konflikte nicht im Kampf gegen den
Mann. Vor allem aber – und das lässt ihre Werke für viele frauenbewegte Frauen zum roten
Tuch werden – geht sie von einer biologisch de-
terminierten Ausrichtung der Frau auf die
Mutterschaft aus.

**Ein biologisch
geprägtes
Frauenbild**

121

Bei Ingeborg Drewitz wird Skepsis über den
Begriff einer „weiblichen Subjektivität" deutlich, in dem sie lediglich einen neuen Ausdruck
bundesdeutscher Individualitätsideologie sieht.
Über deren Traditionslinie sagt sie:

> „Nicht die Vollendung des Ichs, wie es im deut-
> schen Idealismus gefeiert wird, ist das Ziel für
> eine Frau, sondern die Wahrnehmung des an-
> deren, die Wahrnehmung von Verantwortung,
> auch der gesplitteten Verantwortung und viel-
> leicht auch damit ein Stück von heilenden
> Kräften, die das echte einzelne Ich hat." (Inge-
> borg Drewitz/Jutta Sauer: Literatur und En-
> gagement. Ein Gespräch, in: Neue Deutsche
> Hefte 158/1985 H. 4, S. 745)

Die Autorin beruft sich auf die Geschichte der
Arbeiterbewegung, wenn sie darauf verweist,
dass die emanzipatorische Entwicklung in eine
soziale und politische Dimension einbezogen
werden müsse:

> „Die Befreiung der Frau kann nun und nim-
> mermehr das Werk eines Kreuzuges gegen die
> Männerwelt und deren Vorrechte sein, sie
> steht und fällt vielmehr einzig und allein mit
> der Emanzipation der Arbeit vom Kapital,
> heißt es in der Sozialdemokratischen Monats-
> schrift, II. Jahrgang, 9. Heft, Wien 1890. Ein
> Satz, den man sich in der derzeitigen Emanzi-
> pationsdiskussion rot angestrichen wünscht!"
> (Ingeborg Drewitz: Zeitverdichtung. Essays,
> Kritiken, Porträts, Wien/München/Zürich
> 1980, S. 257)

Immer wieder nimmt Ingeborg Drewitz Bezug
auf spezifisch weibliche Eigenschaften, insbesondere auf die „Mütterlichkeit". In den essay-
istischen Aussagen zu diesem Thema betont sie
die biologische Prägung von Frauen, deren Bedeutung sie in der Frauendebatte unterreprä-
sentiert sieht:

„Die unüberhörbare Forderung nach der sozialen Gleichberechtigung der Frau darf nicht darüber hinwegtäuschen, daß die Frau durch ihre biologische Funktion Eigenschaften entwickelt hat, die nicht allein als Rollen abgetan und wie alte Kleider beiseite gelegt werden können" (Frauenemanzipation in der deutschen Gegenwartsliteratur, a. a. O., S. 781f.).

Sie betont eine prinzipielle Geschlechterdifferenz, die für sie auf biologischen, gesellschaftlichen und erotischen Faktoren beruht, ihr damit andere Fähigkeiten und Kräfte verleiht als dem Mann.

Äußerungen wie diese isolieren Ingeborg Drewitz von der Frauenbewegung – ihr Weiblichkeitsbild knüpft an die im Kontext der Fröbel-Bewegung um 1900 häufig formulierte Anschauung vom „mütterlichen Wesen", trifft bei den „Neuen Frauen" jedoch allenfalls auf Zynismus. In Abgrenzung gerade zu diesen Frauenbildern hat sich die Frauenbewegung der siebziger Jahre entwickelt; daß die Frau ihre „wahre" Weiblichkeit erst durch ihre biologische Bestimmung als Mutter erlange, gilt als Gedankengut rechts-konservativer bis faschistischer Kreise.

Ein rechtes Gedankengut?

Ingeborg Drewitz dagegen betont die Geschlechtsdifferenz:

„Was vielfach in der heutigen Emanzipationsbewegung ein bißchen vergessen wird, das ist doch, daß das Wesen der Frau (...) nicht nur ein- oder zweischichtig ist – einmal hier die Mutter und dort die Berufstätige. Wer sich mit der Kulturgeschichte intensiv auseinandersetzt, weiß doch, wie reich die Frau angelegt ist. Wenn wir aber die Emanzipationsdebatte nur zwischen heute und gestern führen, dann machen wir einfach einen Denkfehler oder einen Gefühlsfehler." (Gisela Ullrich: Gespräch mit Ingeborg Drewitz über ihren Roman „Gestern war Heute", in: MATERIALIEN zu „Gestern war Heute", Stuttgart 1997, S. 403)

Die Autorin fordert die Selbstverwirklichung der Frau in Familie und Beruf und sie betont die Notwendigkeit, sich sozial wie politisch zu engagieren. Sie macht klar, dass es keine Trennung zwischen privater und öffentlicher Sphäre geben darf. Der Ort der Frau ist für sie ganz eindeutig in beiden Welten und sie ist sich auch bewusst, dass Frauen gefördert werden müssen, um sich in dieser täglichen Mehrfachbelastung behaupten zu können. Daher betont sie:

> „Ich finde deshalb wichtig, daß die Berufstätigkeit der Frauen als Möglichkeit immer erhalten bleibt und gefördert wird. Auch wenn wir mit Gegenpropaganda rechnen müssen wegen der wirtschaftlichen Entwicklung." (ebd., S. 404)

Was sie definitiv von Vertretern eines konservativen Frauenbildes unterscheidet, ist die soziale, mental und ökonomisch präzise Plazierung ihrer Romanfiguren. Ihre Romane beschreiben die Beziehung zwischen Müttern und Töchtern in einer Situation, in der beide Generationen sich entschieden haben zu arbeiten, sei es, um die Kosten des Haushalts zu decken oder Ansprüche auf die eigene Persönlichkeitsentwicklung einzulösen. Zeitgenössische Romane – Gabriele Wohmanns „Ausflug mit der Mutter" (1976), Jutta Heinrichs „Das Geschlecht der Gedanken" (1977), Helga Novaks „Die Eisheiligen" (1979), Elfriede Jelineks „Die Klavierspielerin" (1983) oder Waltraud Anna Mitgutschs „Die Züchtigung" (1985) – übernehmen die Position der Töchter: sie schildern aus hasserfüllter Perspektive ein „Angstbild der Mutter", deren Erziehung als „anerzogener Masochismus" erscheint (Helga Kraft/Elke Liebs: Mütter – Töchter – Frauen. Weiblichkeitsbilder in der Literatur, Stuttgart 1993, S. VII).

Dominanz der Mutter-Perspektive
Bei Ingeborg Drewitz dominiert dagegen die Perspektive der Mütter, die sich darum bemühen, die individuelle und soziale Identität

ihrer Töchter zu fördern und ihnen zugleich soziale Verantwortung zu vermitteln. Sie begeben sich damit auf soziales Neuland, denn jede Erfahrung für ein derart anspruchsvolles Konzept fehlt.

Die Töchter dieser „starken Frauen", die in ihren Berufen Karriere gemacht haben, ohne die Familie zu vernachlässigen, werden damit Ansprüchen ausgesetzt, die einem Seiltanz zwischen herkömmlicher Sicherheit und neuen, aber unsicheren Möglichkeiten gleichen. Die Position von Ingeborg Drewitz, die sie am Schluss ihres Romans in der Auseinandersetzung zwischen Mutter und Tochter verdeutlicht, erscheint unter diesem Aspekt als Antizipation von Positionen in der Frauenbewegung um die Jahrtausendwende.

Frauenrollen in „Gestern war Heute"

Der Roman beginnt und endet mit einer Geburt. Er setzt damit einen Rahmen, der durch die biologische Prägung der Frau definiert ist und zugleich auf die traditionelle Rollenfixierung aufmerksam macht. Nicht nur der Geburtsvorgang wird detailliert beschrieben, erwähnt werden auch die Gefühle für das Kind und die Ängste gegenüber der Mutterrolle. Geburten sind Höhepunkte im Leben einer Frau, sie zwingen sie aber auch in ihre familiäre Rolle und schließen sie aus dem öffentlichen Leben aus. Ingeborg Drewitz verweist auf das Widerstandspotential der Frauen gegen diese eingeforderten Rollenmuster. Ebenso aber lässt sie in widersprüchlichen Bildern zwischen Utopie, Verweigerung und Wiederholung der immer wiederkehrenden Normen die Problematik weiblicher Lebenszusammenhänge deutlich werden, die für jeden neuen Entwurf auch neuen Verzicht enthalten.

Urgroßmutter und Großmutter nehmen ihre Hausfrauen- und Mutterrolle als gegeben und sinnvoll hin, ohne eigenen Interessen nachzu-

Traditionelle Rollenfixierung der Frau

gehen. Sie entsprechen dem Ideal der bürgerlichen Familienkonzeption: von Produktionsfunktionen entlastet – die Finanzierung des Lebensunterhalts und damit der Familie findet außerhalb des Hauses ausschließlich durch den Mann statt – ist die Frau zwar durch ihre emotionale Gleichberechtigung aufgewertet, wird faktisch aber auf den Bereich des Hauses verwiesen und damit in ihren Entfaltungs- und Lebensmöglichkeiten erheblich eingeschränkt.

Widerstrebende Übernahme des Rollenmusters bei Susanne

Susanne hinterfragt dagegen ihre ausschließlich auf die private Sphäre begrenzte Rolle; sie vermisst die Anerkennung in der Berufswelt. Sie ist auch die erste Frau in dieser Familie, die eine fundierte Ausbildung erhalten hat. In ihrer Person wird deutlich, wie die Eltern über ihre Kinder auch den sozialen Status definieren. Sie richten ihre Familienplanung auf den gewünschten Lebensstandard aus und wollen ihrer einzigen Tochter durch die Vermittlung einer guten Erziehung und Bildung optimale Lebenschancen einräumen, um damit dem Aufstieg der Familie oder der Statussicherung zu dienen (s. S. 10f.). Diese Perspektive scheitert an den gesellschaftlichen Verhältnissen und am Widerstand von Susannes Mann, der sie auf ihre Mutterrolle reduziert und einen Ausbruch aus der traditionellen Frauenrolle auch nur in ein künstlerisches Reservat nicht zulässt. Susanne kann ihre Begabung nicht ausleben, sich selbst nicht verwirklichen.

Wie eng die Tätigkeit dieser drei Frauen auf den Bereich der Küche begrenzt ist, zeigt die Autorin, wenn sie die Monotonie der immer gleichen Tätigkeiten hervorhebt: das Kartoffelschälen (s. S. 37/54/73/149/170/215/226), das Schälen von Äpfeln (s. S. 58/206), die Zubereitung des Frühstücks und das Kaffeekochen (s. S. 103/115), die Essensvorbereitung (s. S. 28f./31/36/120/131). Frauen werden so zu Gefangenen ihrer Rolle, zugleich aber zu Garanten für das Überleben der Familie in chaotischen Situationen. Als nach der Kapitulation Berlins alles zusammenbricht, scheint Susanne als einzige in der Lage, den Überblick zu behalten. Sie kümmert sich darum, dass die Familie ausreichend zu essen erhält. Gabriele bringt diese Funktion der Übermutter auf den Punkt: „Mutter fragt nicht nach Zukunft. Mutter handelt für das Überleben, schöpft ihr Kohlsuppe auf den Teller und sieht ihr beim Essen zu." (S. 153)

Gabriele bricht als erste Frau der Familie aus dem Rollenkorsett aus. In ihrer Kindheit und Jugend erlebt sie die Einschränkung der Individualität im Leben ihrer Mutter und die Fremdheit in der Familie. Sie hat Angst, so wie Susanne auf ihre Selbstverwirklichung zu verzichten. Gegen den Willen des Vaters, unterstützt nur von der Mutter, entscheidet sie sich für ein Universitätsstudium und damit für eine familienunabhängige Perspektive (s. S. 117/ 127). Sie stellt damit in Preußen um 1940 einen extremen Ausnahmefall dar – zu dieser Zeit liegt die Abiturquote der jungen Frauen bei etwa 1% des Jahrgangs, lediglich 43% der Abiturientinnen erklären, an einer Hochschule studieren zu wollen (Claudia Huerkamp: Bildungsbürgerinnen. Frauen im Studium und in akademischen Berufen 1900–1945, Göttingen 1994, S. 60). Gabriele fällt aufgrund ihrer geringen materiellen Ressourcen das Studium schwer, sie erfährt sich in einer ungesicherten gesellschaftlichen Zwischenlage als „eine Studentin ohne Abschluß, eine Arbeiterin ohne Qualifikation, ein Mädchen ohne Nachricht, eine Tochter besitzloser Eltern" (S. 139).

Nach dem Ende des Krieges bricht sie ihr Studium ab, knüpft an die Familientradition an, heiratet und wächst in ihre Mutterrolle hinein. Politische und private Ereignisse – der Tod der Mutter 1951 und der Aufstand in der DDR 1953 – geben den Impuls für die Flucht Gabrieles aus der Enge in der Familie. Sie geht in die Bundesrepublik, schließt ihr Studium ab, promoviert und findet Arbeit als Rundfunkjournalistin. Sie geht in ihrem Beruf auf, akzeptiert eine neue Schwangerschaft und „leb(t) mit voller Kraft" (S. 260). Der Tod ihrer zweiten

**Ausbruchs-
versuche bei
Gabriele**

Tochter bricht ihren Elan; sie kehrt zurück zu ihrem Mann. Trotz des Ausbruchsversuchs fühlt sie, dass die mütterliche, fürsorgliche Rolle sie stärker bindet als die Selbstverwirklichung und versucht nun, beides zu vereinen. Schwierigkeiten hat sie auch weniger mit ihrer Mutterrolle als dem einengenden Verhältnis zu Jörg, der ihrem Bedürfnis nach eigenständiger Entwicklung verständnislos gegenübersteht.

Zum ersten Mal in der Familiengeschichte wird der Begriff „Rollenkonflikt" relevant: Gabriele gelingt es nur schwer, ihren Beruf als Reporterin mit ihren Pflichten als Mutter in Einklang zu bringen. Größere Freiheit erfährt sie erst, als die erwachsenen Töchter das Haus verlassen – um nur wenig später in neue Rollen zu schlüpfen: die der Großmutter, die das Enkelkind zu versorgen hat und die einer Pflegerin, die sich um ihren herzkranken Mann kümmert. Gabriele lebt tatsächlich immer „mit ausgebreiteten Armen" (S. 290).

In der Auseinandersetzung mit Renate am Schluss des Romans geht es um den Wunsch nach Selbstverwirklichung. Für Gabriele ist er fragwürdig geworden; sie begreift den Verzicht auf Familie und Kinder als Verlust. Ihre Kompromissbereitschaft erlaubt den Sprung zur Karrierefrau noch nicht.

Unterschiedliche Haltung der Töchter

Renate will dagegen ohne Kompromisse leben, sie fügt sich nicht in das „Mannfraukind"-Schema ein (S. 205) und verlässt die Familie, um sich „für die Emanzipation aller" (S. 369) einzusetzen und ihre eigene Identität zu finden. Gabrieles zweite Tochter Claudia setzt die Frauentradition fort, heiratet, bekommt ein Kind noch vor dem Abitur. Mit diesem Ende des Romans trennt Ingeborg Drewitz die Rollenmuster. Sie stellt zwei gegensätzliche Handlungsmöglichkeiten vor: eine völlige Loslösung vom bisherigen Frauenbild und die Fortsetzung der Mutterrolle, mit größeren Freiheiten und Möglichkeiten allerdings.

In ihrem Romantitel deutet die Autorin an, dass sie die Emanzipation der Frau als kontinuierlichen Prozess betrachtet. Das „Gestern" befrachtet die Gegenwart noch immer mit längst überkommenen Normvorstellungen; im Vergleich dazu werden aber auch die Fortschritte im „Heute" deutlich, erweiterte Handlungsmöglichkeiten der Frauen, die ihre Reduzierung auf die Familie abbauen. Sie erhalten dadurch immer mehr Möglichkeiten, sich selbst in die Gesellschaft einzubringen. Dabei sieht für die Autorin jedoch die Rolle der Frau als Mutter grundsätzlich positiv, Nachteile, die durch die Mutterschaft für die individuelle Entwicklung der Frauen entstehen, sollen durch die Partnerschaft der Geschlechter abgeschafft werden. Ingeborg Drewitz betrachtet Emanzipation als einen Prozess, der Frauen wie Männer betrifft.

Offen bleibt, wohin eine sechste Generation von Frauen im „Morgen" tendieren würde – zu einem „postfeministischen Optimismus", zu „akademischen Tagträumen" oder zu einer bürokratischen Lösung „von Staats wegen"? (Zitate aus: Katharina Rutschky: Viel Lärm um fast nichts, in: Erziehung & Wissen 2/97, S. 6–10). In Drewitz' Roman wird diese Perspektive ausgeblendet; hier endet die matriarchale Familientradition mit der Geburt von Claudias Sohn.

5. Exkurs: Frauenliteratur

Der Ausdruck „Frauenliteratur" ist im deutschen Sprachraum eng mit der neuen Frauenbewegung verbunden, wie sie sich seit 1968
entwickelt hat. Autonome Frauengruppen
entstehen aus der Konfrontation mit der
Studentenbewegung, als deren Teil sie sich
zunächst verstehen. Der politischen Avant-
garde – dem Sozialistischen Deutschen Stu-
dentenbund – wird vorgeworfen, in typisch
männlicher Dominanz die spezifische Frauen-
problematik als Nebenwiderspruch einer
Klassengesellschaft zu definieren und damit
zur bloßen Privatangelegenheit zu degradieren.
Der „Aktionsrat zur Befreiung der Frauen", im
Frühjahr 1968 in Frankfurt gegründet, stellt
dagegen eigene feministische Positionen in den
Vordergrund. Helke Sander hält in ihrer Rede
fest:

> „Frauen suchen ihre Identität. Durch Beteili-
> gung an Kampagnen, die ihre Konflikte nicht
> unmittelbar berühren, können sie sie nicht
> erlangen. Das wäre Scheinemanzipation. Sie
> können sie nur erlangen, wenn die ins Privat-
> leben verdrängten gesellschaftlichen Konflik-
> te artikuliert werden, damit sich dadurch die
> Frauen solidarisieren und politisieren." (Helke
> Sander: Rede des Aktionsrates zur Befreiung
> der Frauen bei der 23. Delegiertenkonferenz
> des SDS, in: Frauenjahrbuch 1, Frankfurt
> 1975, S. 11)

Die Frauenbewegung gewinnt in den folgenden
Jahren an Breitenwirkung, vor allem im Kampf
um die Abschaffung des Abtreibungsparagra-
phen 218 im Jahr 1971. Die Gründung von
Frauenzeitschriften wie „Emma" oder „Courage", von Frauenverlagen, Frauencafés, Frauen-
buchläden festigen das feministische Bewusstsein vor Ort.

Literarisch setzt die Frauenbewegung mit dem Jahr 1973 ein, als im Suhrkamp-Verlag Karin Strucks Roman „Klassenliebe" erscheint; 1975 folgt mit Verena Stefans „Häutungen" ein zweiter, äußerst erfolgreicher Text, der zum Bestseller gerät, obwohl er in einem kleinen Frauenverlag publiziert wird. Beides sind Texte, in denen autobiographische Erfahrungen geschildert werden, die Beziehungen zu Männern – und bei Stefan auch zu Frauen – diskutiert, Tabubereiche veröffentlicht werden, die Problematik des Schreibens in einer von Männern dominierten Sprache thematisiert ist.

Feministische Ich-Befragung

Ichbezogenheit und Suche nach Selbstverwirklichung stehen nicht nur im Zentrum dieser beiden Romane, sie kennzeichnen die überwiegende Mehrzahl der Texte in der Frauenbewegung, wie Renate Möhrmann nachweist. Dies sei, zumindest in einer ersten Phase, ein notwendiger Schritt, um am individuellen Beispiel die strukturelle Repression in der Geschichte der Frau zum Bewusstsein zu bringen. Geradezu spiegelbildlich verkehrt sieht sie in polemischer Zuspitzung die Funktion der „neuen Subjektivität" bei den männlichen Autoren der siebziger Jahre und in der feministischen Literatur:

> „Hat man hinsichtlich der Gestaltung des männlichen Ich von einem *Rück*-Zug gesprochen, so ließe sich bei der Literarisierung des weiblichen Ich im wortwörtlichen Sinn von einem *Vor*-Zug reden. Denn hier ist keine nostalgische Reprivatisierung am Werk, sondern – im Gegenteil – ein Öffentlichmachen von jahrhundertealten Beschädigungen, eine Zurücknahme der zur Gewohnheit gewordenen Verstummung." (Renate Möhrmann: Feministische Trends in der deutschen Gegenwartsliteratur, in: Manfred Durzak (Hg.): Deutsche Gegenwartsliteratur, Stuttgart 1981, S. 341)

Wie eng Frauenliteratur in den siebziger Jahren auf autobiographische Themen bezogen ist, zeigen Werke so unterschiedlicher Erzählerinnen wie Ruth Rehmanns „Der Mann auf der Kanzel", Angelika Mechtels „Wir sind arm, wir sind reich", Elisabeth Plessens „Mitteilungen an den Adel", Helga Novaks „Die Eisheiligen", Christa Wolfs „Kindheitsmuster", Christiane Brückners „Nirgendwo ist Poenichen" und Ilse Gräfin von Bredows „Kartoffeln mit Stippe". Deutlich wird jedoch, dass eine Literatur, die sich auf die Schilderung individueller Lebensverhältnisse in repressiven Strukturen beschränkt, Gefahr läuft, in sich zu kreisen. Über die beklagten Zustände weist sie nicht hinaus. Zu Karin Strucks Romanen „Die Mutter" (1975) und „Lieben" (1977) schreibt Möhrmann „Zu reden hatte sie zwar noch viel, aber zu sagen wenig." Die Benachteiligung von Frauen lediglich zu beklagen, reiche nicht hin:

> „Feministische Literatur muß sich – um weiterhin zukunftsträchtig zu bleiben – von der bloß lamentierenden Bestandsaufnahme der patriarchalisch strukturierten Gesellschaft lösen, den Platz an der Klagemauer aufgeben." (Renate Möhrmann, a. a. O., S. 348)

Die Entdeckung älterer Autorinnen

Im Kontext feministischer Literatur werden nun auch Texte neu rezipiert, die lange vor diesem Zeitraum entstanden sind, deren Autorinnen von der neuen Frauenbewegung als wichtig entdeckt werden oder an denen sie sich kritisch reibt. Sie zeigen Wege, aus dem engen Zirkel der Ich-Befragung auszubrechen. Dieser Prozess verläuft jedoch gebrochen. Zunächst scheint das Programm einer „Frauenliteratur" ohne jede Tradition zu sein; emanzipierte Frauen lehnen die Autorinnen der vorhergehenden Generation ab, häufig ohne viel von ihnen zur Kenntnis genommen zu haben:

„Namen wie Aichinger und Kaschnitz waren aus Schullesebüchern bekannt und verbanden sich mit Vorstellungen und Werten, von denen die Frauen aus der Studenten- und Frauenbewegung sich gerade befreien wollten" (Inge Stephan / Regula Venske / Sigrid Weigel: Frauenliteratur ohne Tradition? Neun Autorinnenporträts, Frankfurt/M. 1987, S. 7).

Erst durch die Renaissance der Werke von Ingeborg Bachmann wird der Blick auch wieder frei für Autorinnen wie Marlen Haushofer, Luise Rinser, Brigitte Reimann und für Ingeborg Drewitz.

„Herstory – weibliche Genealogie"

Mit diesem Titel umschreibt Sigrid Weigel (Die Stimme der Medusa. Schreibweisen in der Gegenwartsliteratur von Frauen, Dülmen 1987, S. 154) Werke, in denen Schriftstellerinnen sich in verstärktem Maße der Vergangenheit zuwenden. Die Frauenbewegung hat auch in der Literatur eine neue Beschäftigung mit der Geschichte von Frauen initiiert, um aus dem Wissen über die eigene Tradition den gegenwärtigen Standpunkt genauer bestimmen zu können. Die autobiographische Schreibweise wird dabei zugunsten einer stärkeren Fiktionalisierung und Literarisierung zurückgedrängt. Ein deutliches Beispiel ist für sie Ingeborg Drewitz' Roman, in dem Geschichte durch das Spektrum von fünf Frauengenerationen gestaltet ist. Aus einer Familiensaga, die sich auf die weiblichen Mitglieder konzentriert, entsteht eine Art Geschichtsschreibung auf subjektivem Weg, die Frauenerfahrungen im Generationenwechsel und -konflikt beleuchtet. Frauen finden hier in der Lebensbeschreibung der Mütter, der Großmütter und der Urgroßmutter Spuren einer eigenen Überlieferung – ohne dass die Beziehung zwischen Müttern und Töchtern deshalb unkompliziert wäre.

Zuwendung zur Geschichte von Frauen

Das problematische Ich-Bewusstsein der Frauen steht im Zentrum dieses großangelegten Zeitdokuments. Weiblichkeitsmuster werden gelebt, Ansprüche auf ein selbstbewusstes Leben erhoben, die sich jedoch gegen traditionelle Familienbilder im Alltag nicht halten lassen. Trotzdem vermitteln die Mütter den Töchtern ein stabileres Selbstwertgefühl, als sie es selbst gelebt haben, damit sie der Macht im Familienidyll nicht erliegen. Der offene Schluss des Romans, in dem die eine Tochter sich auf das Wagnis eines autonomen, politisch engagierten Lebens einlässt, die andere jedoch „unbefangen" noch vor der Erfahrung eigener Selbstständigkeit die Familie als ihre Perspektive wählt, zeigt die Breite weiblicher Lebensentwürfe. In diesen Frauengeschichten, so Sigrid Weigel, „erscheinen Frauengemeinschaften nicht als Utopie; vielmehr werden die subtilen psychischen Muster ihrer Abhängigkeiten und ihrer gegenseitigen Abgrenzungen und Kränkungen deutlich." (a. a. O., S. 156)

6. Sprache, Erzählweise und Erzählperspektive

„Die Schwierigkeit, sich für eine Fabel zu ent-
scheiden, sollte sich im Roman wiederfinden.
D.h. das Handwerk des Schreibens entmystifi-
zieren, das Kunstprodukt als Kunstprodukt er-
kennbar machen, die Entmündigung des Le-
sers zum Konsumenten aufheben." *(Ingeborg*
Drewitz, Tagebuchnotiz v. 2. 6. 1970, in: SALZ,
Salzburger Literaturzeitung 4. Jg./März 1979
Nr. 15, S. 6.)

Ingeborg Drewitz vertritt ein anspruchsvolles
Konzept, das sie in diesem Roman realisieren
will: der Leser soll sich und seine Welt wiederfinden, sich mit den Figuren identifizieren –
aber er soll zugleich auf Distanz gehalten werden, um als kritischer Rezipient der Fabel zu
folgen. Beide Ziele gleichzeitig zu verfolgen, erweist sich als zentrales erzählerisches Problem
der Autorin. Es gelingt ihr nur teilweise, die
disparaten Elemente der Sprach- und Stilge-
staltung in ein einheitliches Konzept einzubinden. Die Machart des Romans wird daher auch
von zahlreichen Rezensenten moniert.

1. Sprache

Ein lakonisch-unprätentiöser Stil prägt die
Sprache in diesem Roman. Die Autorin erleichtert es dem Leser, sich mit ihren Figuren zu identifizieren, indem sie sich einer emotionsarmen
Alltagssprache annähert. Die einzelnen Formu-
lierungen lassen eine Präzisierung und Ver-
knappung erkennen, die zu einem nahezu atem-
losen Erzählstil führen. Der Sprachrhythmus
wird durch viele Infinitivkonstruktionen, durch
skizzenhaft konturierte Sätze gekennzeichnet.
Sie verzichten häufig auf Subjekt oder Verb und

**Lakonische
Alltagssprache**

werden wie die Gedankensprünge, Erinne-
rungsfetzen, Assoziationen, Empfindungen,
Wunsch- und Angstbilder aneinandergereiht,
die sie repräsentieren. So entsteht ein ausführ-
licher innerer Monolog, der als Bewusstseinsstrom angelegt ist. Er spiegelt Denkoperatio-
nen, die sich ebensowenig in der Form logischer
Sätze und Schlüsse abspielen, und entzieht sich
daher der traditionellen Syntax.

Satzreihen Geht die Autorin über diese knappen Äußerungen hinaus, verlässt sie sich auf einfache Satz-
konstruktionen. Meist verwendet sie relativ
kurz gehaltene, klar gegliederte Satzreihen,
nur sehr selten greift sie auf Satzgefüge zurück.
Auch dabei setzt sie auf schlichte Formen, Re-
lativsätze oder Kausalsatzgefüge im wesentlichen; vielfach verschachtelte Sätze lassen sich
kaum entdecken. Die Verknüpfung der Be-
wusstseinspartikel wird häufig durch anapho-
rische Verbindungen hergestellt. Als einer von
zahlreichen Belegen kann die Reflexion Susannes genannt werden, die sich überlegt, wie sie
auf die unausgesprochenen Fragen ihrer Tochter über das Verhältnis zum Vater reagieren soll
und schließlich zum Ergebnis kommt: „Die
Wörter, die ihr einfallen, die Sätze, die ihr einfallen, taugen nicht." (S. 64) Vorbereitet wird
dieser Schluss durch die fünffach wiederholte
stumme Frage: „Soll sie ihr sagen ..." (S. 63f.).
Häufig wechseln sich im Text Kurzsätze – bis
zu schlichten Einwortkonstrukten – mit langen
Reihungen ab. Dabei versucht die Autorin, jeweils Stimmungen, Charakteristika oder Al-
tersstrukturen durch den Satzbau wiederzugeben. Alice etwa, die energische Großmutter
Gabrieles drückt sich, wenn sie nicht Küchen-
tätigkeiten wiedergibt, in prägnanten Sätzen
über ihre Verwandtschaft aus und gelangt
dabei zu scharfen, mitunter verletzenden Wertungen, die sie so wohl kaum je offen zum
Ausdruck bringen würde (s. S. 36 ff.). Umge-
kehrt wird in den ausführlichen, lang dahin-
fließenden Stimmungsbildern des Vaters deutlich, wie sehr er unter der Familiensituation

leidet und sich selbst bemitleidet; der ständig nörgelnden Ausdrucksoberfläche wird damit ein differenziertes Innenleben unterlegt (s. S. 33 ff.).

Um Kindheitseindrücke wiederzugeben, verwendet Ingeborg Drewitz Kürzestsätze. So wird durch die Sprache das Ausdrucksniveau der dreijährigen Tochter widergespiegelt: „Bilder. Wörter. Das Geräusch der Tür. Stimmen. Angestrengt horchen. Wärme. Nichts sonst." (S. 26) Ähnlich geht sie vor, wenn es um die Sprache von Cornelia, Gabrieles jüngster Tochter geht (s. S. 204). Die Monotonie der täglichen Hausarbeit und Gabrieles Angst, in die Mutter- und Hausfrauenrolle wieder eingezwängt zu werden, verdeutlicht die schier endlose Aufzählung ihrer Tätigkeiten, die über 17 Zeilen in einen Satz gebunden werden (s. S. 269f.). **Kindersprache**

Bewusst einfach wird Sprache gestaltet, indem die Autorin auf Fremdwörter verzichtet. Es fehlen auch – was beim Versuch, den Bewusstseinsstrom zu imitieren, denkbar wäre – weitgehend Neologismen. Die einzige Variation, die Ingeborg Drewitz im Verhältnis zur Alltagssprache zulässt, sind ungewohnte Wortverbindungen, die sich aus der Zusammenziehung üblicherweise getrennt zu schreibender Worte ergeben wie z. B. „das Lachenweinenhusten" (S. 157), „Ichduich" (S. 158), „Mannfraukind" (S. 205) usw. **Verzicht auf Fremdwörter**

Sehr sparsam sind andererseits Dialektanklänge oder Soziolekte gesetzt. Der Text ist durchgehend hochdeutsch geschrieben, einige wenige Ausdrücke lassen Lokalkolorit anklingen („Senker", „jachern", „siefern", „zurecht stuken", „Riester" ...), verweisen auf jugendlichen Jargon („dem seine Bande", S. 58) oder liefern zeittypische Begriffe und Kürzel, wie sie im Drittes Reich zum Alltagsvokabular gehören, heute jedoch fast unverständlich sind: „und sammeln für die Winterhilfe oder für die NSV oder für den Eintopfsonntag" (S. 87). Lediglich in einigen Passagen – so einer Szene des 20. Kapitels – ist der Berliner Dialekt stärker ausge- **Kaum Dialekt/ Soziolekt** prägt, weil die Autorin hier versucht, ein Stimmungsbild der Besucher vor der Untersuchungshaftanstalt Moabit zu entwerfen. Indem sie Gesprächsfetzen aufzeichnet, gibt sie auch Hinweise auf die soziale Herkunft der Menschen (s. S. 363f.).

Hervorheben durch Großbuchstaben

Die Autorin arbeitet mit einfachen typographischen Mitteln, um Inhalte zu verdeutlichen. Das Druckbild hebt durch Großschreibung bzw. Kursivdruck einige Begriffe oder Abschnitte vom sonstigen durchlaufenden Text ab. So ist das gesamte Arbeitstagebuch kursiv gedruckt, um diese fünf Blöcke vom Handlungsfortschritt zu trennen. Durch Majuskeln wird darauf aufmerksam gemacht, dass Aussagen bedeutsam werden – ein einfaches, aber wirkungsvolles Mittel, das etwa eingesetzt wird, wenn Alice sich mit einigem Trotz in ihrer Hausfrauenrolle rechtfertigt: „UND WARUM EIGENTLICH NICHT?" (S. 13), wenn Susanne die Weihnachtsbotschaft in Frage stellt: „UNGLAUBLICHE SÄTZE" (S. 41) oder Gabriele sich ihrer Identität versichern muss und immer wieder das „ICH" in Zweifel zieht (S. 81/88/203/218/225/232/290/308/338).

Kaum Metaphern

Der lakonische Erzählstil wird noch unterstützt durch den fast vollständigen Verzicht auf Metaphern. Die Autorin lässt allenfalls Alltagsbilder zu, um etwa die Reaktion von Alice zu verdeutlichen, wenn ihre Enkelin den Sonntagsbraten auf den Tisch spuckt: „Von Großmutters Hals wachsen rote Blumen ins Gesicht." (S. 29) Oftmals finden sich Vergleiche, mit denen eine psychische Situation verständlich wird, so, wenn sich Gabrieles Vater in der engen Wohnung der Schwiegereltern fühlt „wie ein angeketteter Hund" (S. 16).

Traumbilder

Häufiger setzt Ingeborg Drewitz dagegen auf Traumbilder, mit denen sie innere Zustände oder atmosphärische Zusammenhänge bezeichnet. Das beginnt bereits im ersten Abschnitt des Romans, wenn die Urgroßmutter sich einen Wohnungsbrand herbeiwünscht, der sie – bzw. ihr erspartes Kapital – ins Zentrum rücken würde (s. S. 5). Es setzt sich fort, wenn Gustav seinen Schatten an der Hauswand gegenüber als Bild des Gekreuzigten erkennt, mit dem ihn die vergeblichen Versuche, seine (proletarische) Herkunft hinter sich zu lassen, verbinden: er fühlt sich „wie auf das Fensterkreuz gepfählt" (S. 6/8). Träume werden auch aus der Perspektive des Vaters geschildert, wenn er sich in Gedanken mit seinem Kind unterhält (s. S. 17 ff.) oder sich die Reaktionen in der Familie auf einen möglichen Selbstmord vorstellt (s. S. 34f.).

In Gabrieles Vorstellungen spielt das Bild vom Baum eine wichtige Rolle: als positive Erfahrung, wenn die körperliche Nähe in der Identifikation mit einer Kiefer erfahren wird: „Ein wandernder Baum sein. Ich bin ein Baum" (S. 28) und der Zweig dieses Baumes dem Streit der Eltern als Trost entgegengehalten werden kann (s. S. 32). Im Bild eines Baumes ohne Wurzeln, in dessen Ästen Leichen statt Früchte hängen, äußert sich dagegen die Angst vor der Reduzierung ihrer Persönlichkeit, die Aufgabe der eigenen Identität: „Irgendwann in diesen Wochen träumt sie von einem kahlen Baum, in dem nackte, geschundene Leiber wie schwere Früchte hängen. Der Baum hat keine Wurzeln. Sie weiß nicht, mit wem sie davon sprechen kann." (S. 361/s. S. 332)

Ein häufig wiederkehrender Alptraum Gabrieles spiegelt ihr Seelenleben: eingekapselt in eine „gläserne Kugel" isoliert sie sich von der Außenwelt. Der Traum ist Ausdruck einer Flucht nach innen, die Vision ihrer Rückkehr an den Anfang des Lebens, in die Gebärmutter, aber auch eine Metapher für Todessehnsucht: „Ich kann die Kugelhälften voneinander lösen, hineinschlüpfen und die beiden Kugelhälften an Laschen zusammenziehen. Während ich noch heftig atme, saugen sich die Hälften aneinander fest." (S. 204f./s. S. 212)

Von solchen Träumen will sich Gabriele befreien, „die Wachträume vergessen", und weiß doch, dass sie sich davon ebenso wenig befrei-

**Alptraum-
visionen**

en kann, wie ihr ein zweiter Ausbruch aus der Familiensituation gelingen wird (s. S. 287).

Diese Sequenzen gehören dem Leben der Autorin an und verknüpfen damit autobiographische Erfahrungen und fiktives Schicksal – in den Traumszenen wird Erlebtes und Erfundenes verschmolzen:

> „Traum, abermals geträumt: Sich in einer sinnlosen, aber verzwickten Stahlkonstruktion versteigen, schließlich in einer inmitten der Wirrnis eingehängten Glasglocke, die sich hermetisch schließt, zur Ruhe kommen, die aber quälendste Unruhe ist. Bild, das in einem künftigen Roman verwendet werden muß, weil es meine ins Surreale übertragene Erfahrung ist." (Tagebucheintrag v. 21. 1. 1968, in: SALZ, a. a. O., S. 6)

Einschub von nichtfiktionalen Textsorten: Zitate

In die fortlaufende Handlung werden Textabschnitte eingeschoben, die aus nichtfiktionalen Bereichen stammen und auch sprachlich einen eigenen Ausdruck erhalten: Ingeborg Drewitz zitiert Pressereportagen aus dem Dritten Reich (s. S. 142), Interviews, aus denen die Durchhaltepropaganda der letzten Kriegswochen hervorgeht. In einem Staccato von Informationen berichtet sie von den sich überschlagenden Nachrichten der Kriegsereignisse: „Sommer. Siege in Frankreich. Fahnen aus allen Fenstern. Marschmusik aus allen Fenstern, das Pathos der Sondermeldungen, dazwischen Theo Mackebens „Auf der rue de Madeleine in Paris", langsamer Walzer, Luftaufnahmen von den Flüchtlingsstraßen von Paris weg. Aufnahmen von den Straßen des Sieges in den Zeitungen und Wochenschauen, strahlende Gefreite neben den Todesanzeigen für Führer, Volk und Vaterland (...)" (S. 107).

Geschichtsschreibung

Das Kriegsende wird durch konkrete historische Daten und Ereignisse fixiert, nüchternwissenschaftlichen Angaben, die das Leben eindeutig festlegen und damit die fiktive Handlung objektivieren (s. S. 136/141/147/149/167–169/177/195f). Ähnlich geht die Autorin vor, wenn sie Ereignisse aus der Studentenbewegung in das Romangeschehen einbindet oder Schlagzeilen der BILD-Zeitung zitiert (s. S. 300/ 309f.). Die historischen Notizen weisen keine offensichtlichen Anzeichen einer literarischen Bearbeitung auf; sie könnten einem theoretischen Werk, einem Geschichtsbuch etwa, entnommen sein. Der Roman erhält damit eine direkte Wirklichkeitsbestätigung; Ingeborg Drewitz versucht dem Leser ein Bild der Zeit und der Gesellschaft zu vermitteln.

Eine dritte Variante des Erzählstils zeigt die Zentralfigur Gabriele in ihrer beruflichen Position als Reporterin. Die Reportagen über den Bau der Berliner Mauer (s. S. 278f.), über die Osterunruhen nach dem Attentat auf Rudi Dutschke (s. S. 309f.), über Reisemöglichkeiten der Westberliner nach Ostberlin (s. S. 353) oder den Besuch bei einem Strafgefangenen (s. S. 364 ff.) beleuchten ihre Fähigkeit, die politische Atmosphäre der Zeit einzufangen. Ihre Authentizität erhalten sie, weil sich in ihnen auch die politischen und sozialen Aktivitäten der Autorin spiegeln, die sich engagiert für die außerparlamentarische Opposition und für gesellschaftliche Randgruppen einsetzt.

Reportage

Mit diesen Szenen wird die Romanhandlung auf formaler Ebene unterbrochen, während sie inhaltlich ergänzt werden. Der Leser wird damit von der fortlaufenden Handlung abgezogen und auf Distanz gehalten. Er soll zu einer rationalen Auseinandersetzung mit den vermittelten Inhalten geleitet werden.

Die professionelle Fertigkeit der Reporterin Gabriele, mit Sprache umzugehen, steht in klarem Gegensatz zu ihrer Unfähigkeit, sich in direkter Kommunikation mit ihrer Familie auseinanderzusetzen. Sie erkennt dieses Defizit zwar in ihrer Umgebung – „Immer habe ich mit Menschen gelebt, denen die Sprache fehlt, die nicht wissen, daß man mit Sprache spielen kann, ohne sie zu versehren." (S. 243) –, ist aber selbst auch nicht in der Lage, ihre Gefühle und Stimmungen nach außen zu tragen. So kann sie

Professionelle Sprachkompetenz – private Spracharmut

weder mit ihrer Mutter, noch mit ihrem Mann oder ihrer Tochter Renate ein Gespräch führen, das über triviale Äußerungen hinausginge. Das erste ausführliche Zwiegespräch findet in einem Café statt, als der Frankfurter Journalist Ludwig sie auffordert, mit ihm eine Weltreise zu unternehmen (s. S. 287 ff.). Seine Einladung stellt ihre gesamte Lebensperspektive auf den Kopf; sie müsste erneut aus ihrer Mutter- und Hausfrauenrolle ausbrechen und mit diesem Mann eine neue berufliche und partnerschaftliche Beziehung eingehen. Aus dieser Entscheidungssituation resultieren die ausführlichen Dialogpartien, darin ist auch die sadistische Wut angelegt, die dem Gespräch unterlegt ist.

Innerer Monolog

Insgesamt bleibt der Roman jedoch dialogarm. Vorherrschend sind Techniken des Inneren Monologs: der Bewusstseinsstrom mit seinen minutiösen Beobachtungen und Gedankensprüngen, der eine besondere, nicht spannungsgeleitete Art des Lesens verlangt, wird mit der erlebten Rede als Sonderform einer Erzählweise verknüpft, die zwischen wörtlicher und indirekter Rede angesiedelt ist: der Erzähler schlüpft in die Erzählfigur hinein und erzählt von innen her, was seine Gestalten bewegt. Mit beiden Formen soll die Authentizität und Unmittelbarkeit betont werden, erfassen sie doch die Subjektivität der Person direkt und schildern auch Gedanken, unausgesprochene Fragen, affektbeladene Empfindungen.

Bewusstseins-strom und erlebte Rede

In zwei markanten Punkten ändert die Autorin die grammatischen Vorgaben beider Erzähltechniken und bindet sie damit zusammen: im Bewusstseinsstrom werden die Gedanken üblicherweise in der Ich-Form und im Präsens wiedergegeben, in der erlebten Rede in der 3. Person und meistens im Präteritum. Ingeborg Drewitz verwendet konsequent die 3. Person und das Präsens als Erzählzeit, so dass die vermittelnde Rolle des Erzählers noch bewusst bleibt, aber auch die Illusion unmittelbaren Geschehens hervorgerufen wird.

Die Detailgenauigkeit der Sprache von Ingeborg Drewitz stimmt nicht immer mit ihrer
Fähigkeit überein, die Vorgänge auch sicher zu
benennen. Obwohl sie seit dem Anfang ihrer
Schriftstellerkarriere Theaterstücke, Hörspie-
le und Fernsehdrehbücher geschrieben hat,
fehlt ihr in diesem Roman zu oft das Gespür für
Szenen und Dialoge. So verlässt sie sich mitunter auf schlagzeilenartige Sentenzen – „re-
dende Trivialmythen", wie Sibylle Cramer in
der Frankfurter Rundschau schreibt – oder Ver-
satzstücke aus dem Sprachmaterial von Trivi-
al-Romanen. Deutlich wird das, wenn sie ero-
tische Momente beschreibt. Dafür hat sie wenig an Ausdrucksmitteln zur Verfügung:
„Tummeln und Taumeln" (S. 111) erscheint als
eher dürftiger Versuch, die körperliche und
psychische Aufladung der Jugendlichen adä-
quat zu beschreiben.

**Gestaltungs-
probleme**

Diese Sprachunsicherheiten, die auf den 375
Seiten des Romans in einigen Passagen deutlich
werden, sind für zahlreiche Rezensenten Anlass zu kritischen Anmerkungen. Günter Giefer bleibt in seiner Sprachkritik noch unbe-
stimmt, wenn er schreibt:

Anlass für Kritik

> „Trotz gelegentlicher Manierismen („er sorgte
> dafür, daß mir Sekt gereicht wurde"), Über-
> längen, auch Blaustrümpfigkeiten und modi-
> schen Indiskretionen zieht die Darstellung in
> Bann. Stilistisch ein drängendes, nur schein-
> bar lässiges Staccato; es wurde mit heißer Na-
> del genäht." (Neue Deutsche Hefte 1979/H.162,
> S. 339).

Der Rezensent des Hessischen Rundfunks
spricht dagegen pauschal von einer „sprachar-
me(n), perspektivelose(n), sich in leerlaufender
Beschreibungsmanie erschöpfende(n) Erzählweise" (Günther Schloz: Die Alternative, 26. 3.
1979). Am schärfsten aber geht die Kritikerin
der Frankfurter Rundschau mit der Autorin ins
Gericht. Sie stellt das Vorgehen der Autorin
insgesamt in Frage:

„Eine Schreibweise, deren Benennungswut,
deren Fixierung auf das Nahbild, den Gegen-
stand vis-à-vis der (so meine ich) ohnmächtige
Versuch ist, Realität zu sichern, sie genau
kenntlich zu machen. Eine Beschreibungsmi-
kroskopie, die, indem sie eine austauschbare,
ganz beliebte Wirklichkeit reproduziert, für
den Roman nichts leistet, weil der Zusammenhang zwischen dieser Realität und dem wahr-
nehmenden Bewußtsein nicht hergestellt wird,
weil diese Realität nicht in ihrer Verbindlich-
keit für die Geschichte des Bewußtseins deutlich wird, die der Roman erzählt." (Frankfurter Rundschau, 19. 10. 1978)

2. Erzählweise

Erzählstrukturen Der Aufbau des Romans folgt der Biographie
der Protagonistin. Ingeborg Drewitz hat in ei-
nem Tagebucheintrag 1976 die Folge der Abschnitte zumindest für die ersten Jahre deutlich
fixiert:

> „Die Struktur des Romans (vorläufig):
> **I. Kindheit**
> 1. Geburt (+ Rückschau) 1923
> 2. Ich – was ist das 1926
> 3. Die Weihnachtsfeier 1929
> 4. Veränderungen 1933
> 5. Ende der Kindheit 1936
> **II. Das Mädchen**
> Themen: Liebe, Irritation durch die Zeit
> **III. Die Frau**
> Themen: Verstörungen, Glück, Freiheitsver-
> langen
> **IV. – –**
> Vielleicht Beruf, Welterfahrung
> Die Kapitel sind in sich verklammert, die Un-
> terkapitel geschlossene Prosastücke sein.
> Chikago, University of Illinois, 29. 2. 1976"
> (in: SALZ, a. a. O., S. 6)

Aus dieser Skizze entstehen 20 Kapitel, die an
entscheidenden Entwicklungsphasen von 5
„Arbeitstagebücher(n) zum Roman" unterbro-

chen sind. Sie werden durch eine unterschiedlich große Zahl von Abschnitten – zwischen 3
und 13 – gefüllt. Bis 1945 umfassen die Kapitel
jeweils den Zeitraum eines Jahres, danach – vor
allem in den fünfziger und sechziger Jahren –
werden größere Zeitabschnitte zusammengefasst, um erst wieder in den entscheidenden
Jahren der Studentenrevolte auf kürzere Zeit-
räume zusammenzuschrumpfen. Zwischen diesen Ereignissen liegen Phasen, die der Leser
selbst zu überbrücken hat. Er muss sein histo-
risches Wissen bemühen, um zu erfahren, was
in diesen ausgesparten ein bis fünf Jahren geschehen ist.

Die Autorin nennt diese Technik von blitz-
lichtartig beleuchteten Einzelbildern einen
„Stationenroman" (Brief v. 17. 2. 1979, in: Titus
Häussermann, a. a. O., S. 103). Sie lehnt sich
damit an den Begriff des „Stationendramas"
an, wie ihn August Strindberg in seinem
Schauspiel „Nach Damaskus I" vorgeprägt hat.
Die einzelnen Szenen bilden hier keinen strin-
genten Handlungszusammenhang; zusammen-
gehalten werden sie nur durch die innere Entwicklung des Protagonisten, formuliert als
ständige Forderung, die Wanderung fortzusetzen. Bei dem schwedischen Autor verweist die
Technik des Dramas auf die 14 Stationen des
mittelalterlichen Kreuzwegs; im Rückgriff auf
das Mysterienspiel, das Strindberg als Vorbild
dient, gelangt er so zu einer Weiterentwicklung
der offenen Form des Dramas.

In ähnlicher Weise will Ingeborg Drewitz in
„Gestern war Heute" das geschlossene Schema
des Entwicklungs- oder Bildungsromans verlassen. Der Werdegang der Frauen in dieser
Familie ist gerade nicht als „Reifung der Persönlichkeit mit psychologischer Folgerichtig-
keit" (Gero von Wilpert: Sachwörterbuch der
Literatur, Stuttgart 1969, S. 211) angelegt. Der
Roman kristallisiert vielmehr intellektuelle
und gesellschaftliche Krisen heraus, die symp-
tomatisch das Leben von Frauen in Deutschland bestimmen. Die Autorin nennt ihr Kon-

Stationenroman

**Kein traditio-
neller Entwick-
lungsroman**

145

zept eine „Radial-Struktur": „Bewegungen auf
ein ICH zu und von einem ICH weg" (Tagebuchnotiz v. 9. 5. 1975, in: SALZ, a. a. O., S. 6)
Diese Technik hebt Gerhild Brüggemann Ro-
gers in ihrer Analyse hervor:

> „Die Personen beobachten, sie urteilen, sie
> empfinden, aber sie spüren nicht seelischen
> Regungen nach, und der Erzähler interpretiert
> nicht für sie (...) die Skala menschlicher Ge-
> mütsbewegungen ist nicht ausgeschöpft. Sie
> steht vielmehr zwischen den Zeilen, denn der
> Erzähler gibt keine Erklärungen ab aus höhe-
> rer Warte, und die tiefsten Regungen werden
> von den Personen nur gelegentlich analysiert,
> häufiger bleiben sie ausgespart oder aus der
> Außenperspektive angedeutet." (Das Roman-
> werk von Ingeborg Drewitz, a. a. O., S. 180)

Prolog:
Kap. I

Der Tagebuchnotiz von Ingeborg Drewitz folgend, lässt sich der Roman nach individuellen
und historisch-gesellschaftlichen Kriterien
gliedern: er beginnt mit einem Prolog, der die
Geburt Gabrieles schildert, damit aber auch
aus wechselnder Perspektive die historische
Dimension der Jahre 1878 bis 1923 aufnimmt:
ausgehend von Nobilings Attentat auf den Kaiser über die Sozialistengesetze, die russische
Revolution von 1905, den Ersten Weltkrieg bis
in die Wirtschaftskrise der Weimarer Republik.

Kindheit
Gabrieles
Kap. II–V

Die folgenden vier Kapitel umfassen die Kindheit Gabrieles, die mit dem Tod des Großvaters
endet. Abgeschlossen wird diese Phase durch
das erste Arbeitstagebuch. Es skizziert ihre
Entwicklung in diesen 13 Jahren, greift aus bis
zu den Pogromen des Jahres 1938 und schildert
auch den Zugriff des nationalsozialistischen
Systems auf die Jugend, insbesondere durch
den Propagandaerfolg der Olympischen Spiele.
Die kurze Mitgliedschaft im BDM zeigt die Zer-
rissenheit Gabrieles zwischen ihrer Suche nach
Zugehörigkeit und dem Entsetzen vor der öffentlichen Gewalt.

Mädchenjahre:
Kap. VI–X

Der zweite Abschnitt geht auf die Mädchenjahre Gabrieles ein, die zunächst durch die

erste sexuelle Erfahrung geprägt sind. In der Folge gehören dazu auch ihr Universitätsbesuch und der Arbeitsdienst in der Fabrik. Ebenso wird der Einfluss der Kriegsereignisse auf das Alltagsleben und die Mitarbeit Gabrieles im Widerstand bestimmt. Auch diese Phase wird durch ein Arbeitstagebuch abgeschlossen, das die Bedingungen des Übergangs reflektiert: die distanziert-beobachtende Haltung Gabrieles entspricht dem Versuch, die vergangenen Jahre zu verarbeiten und der Unsicherheit über die Zukunft Herr zu werden.

Das Jahr 1945 markiert in mehrfacher Weise einen Wendepunkt: politisch durch die Kapitulation Hitler-Deutschlands, privat durch die Eröffnung neuer, selbstbestimmter Lebensperspektiven. An dieser Stelle ist auch die Halbzeit des Romans erreicht: die erste Hälfte der Handlungsjahre ist abgeschlossen; die zweite Hälfte bricht nach ebenfalls 23 Jahren mit dem Jahr 1978 ab.

Wendepunkt: 1945

Der dritte Abschnitt umfasst die Nachkriegs- und Wirtschaftswunderzeit; Gabriele heiratet, bekommt Kinder und wird gegen ihren Willen auf die Hausfrauen- und Mutterrolle festgelegt. Mit dem Tod der Mutter endet dieser Abschnitt ihres Frauenlebens. Das dritte Arbeitstagebuch konfrontiert das individuelle Schicksal mit den politischen Ereignissen des Jahres 1953: der Aufstand der Arbeiter in Ostberlin trägt auch zum Ausbruch Gabrieles aus ihren Familienzwängen bei.

Hausfrau und Mutter: Kap. XI–XIII

Das XIV. Kapitel nimmt eine Ausnahmeposition innerhalb des Romans ein: inhaltlich, indem es die Entwicklung einer selbstbewussten Rollenfindung Gabrieles als alleinerziehender Mutter und berufstätiger Frau schildert, formal, indem es ausschließlich auf schriftlichen Mitteilungen beruht: 22 Briefen, 4 Kalenderblättern, 3 Postkarten, 2 Telegrammen, einem Brief Giselas und einem Renates, einem Protokoll von Gabrieles Redaktionssitzung und einem Tagebucheintrag.

Autonomie: Kap. XIV

Rückkehr in die Familie Kap. XV–XVI	Die folgenden beiden Kapitel enthalten die Wiedereingliederung Gabrieles in die alten Familienstrukturen nach dem Unfalltod ihrer Tochter. Sie arbeitet jetzt aber als freie Mitarbeiterin für den Hessischen Rundfunk und weitet damit ihren Einflussbereich aus. Die Einladung ihres Kollegen Ludwig zeigt zudem die Möglichkeit einer völlig neuen Perspektive – was die Autorin als „Welterfahrung" in ihrer Tagebuchnotiz umreißt. Das vierte Arbeitstagebuch dient anders als die vorhergehenden nicht mehr dazu, privates und öffentliches Geschehen der letzten Jahre zu verbinden, sondern zeigt politische Perspektiven auf: das Engagement Renates in der Studentenbewegung, dem auch eine politische Neuorientierung ihrer Mutter folgt.
Aufbruch: Kap. XVII–XIX	Von diesem politisch-sozialen Engagement werden die drei folgenden Kapitel getragen: Renate radikalisiert in den Jahren 1968 bis 1971 ihre Position und wird schließlich vom Berufsverbot betroffen; Gabriele tritt für die Rechte von Randgruppen ein. Damit geht eine weitere Entfremdung von ihrem Mann und zugleich eine Annäherung zwischen Mutter und Tochter einher. Das letzte Arbeitstagebuch reflektiert diese private Entwicklung und lässt die Ängste Gabrieles gegenüber ihrer familiären Situation deutlich werden, zeigt aber auch ihr soziales Verantwortungsethos.
Epilog: Kap. XX	Das XX. Kapitel bildet den Epilog des Romans; der Erzähler mischt sich am Schluss mit den Worten „Hier ließe sich enden" in das Geschehen ein und bietet sechs Varianten einer möglichen Perspektive an. Sie bilden das offene Ende des Romans und überlassen es dem Leser, nach 375 Seiten ein eigenes Fazit zu ziehen.

Die Verknüpfung der Kapitel und Abschnitte wird meist pointiert-lakonisch geleistet. So beginnen und enden sie häufig mit knappen, unvollständigen Sätzen. Sie fassen eine Situation zusammen – „Zukunft. Zwischenreich. Anfang." (S. 158) –, verrätseln sie in einer Weise, die den Leser zum nochmaligen Lesen zwingt –

„Auf dem Foto wird erkennbar, was sie sich alle nicht haben zugeben wollen" (S. 330) – oder lassen ihn in der Fortführung der Handlung eine Lösung erwarten – „Nicht mehr an Sätze glauben." (S. 351). Diese Technik erinnert an das Drehbuch einer Serienproduktion, die mit ähnlichen Mitteln versucht, ihr Publikum in Bann zu ziehen und für einen langen Zeitraum zu binden. Auch der Autorin geht es darum, den Spannungszustand über das gesamte Romangeschehen aufrecht zu halten, um Ermüdungserscheinungen während der langen Zeitreise entgegen zu wirken.

3. Erzählperspektive

Eine eindeutige Festlegung der Perspektive wird durch die Erzählweise von Ingeborg Drewitz erschwert. Der Gebrauch der 3. Person lässt die Distanz einer auktorialen Erzählhaltung spüren; der weitaus größte Teil des Romans berichtet jedoch aus der Perspektive der Protagonistin. Die wesentlichen Erzähltechniken – Bewusstseinsstrom und erlebte Rede – erlauben einen unbegrenzten Blick auf psychische Vorgänge, auf innere und äußere Abhängigkeiten im Lebenslauf dieser Frau. Geschildert wird die Entwicklung eines durchgehenden Handlungsstranges, der chronologisch von Zeitabschnitt zu Zeitabschnitt voranschreitet. Umfangreichere Rückblenden finden sich lediglich im ersten Kapitel, Ausblicke in die Zukunft gibt es kaum. Das Verhältnis von Erzählzeit zu erzählter Zeit ist in der Rückschau, in der größere Zeitspannen knapp gestreift und zusammengefasst werden, disproportional; im Ganzen gesehen verläuft die Einteilung der Zeitsequenzen jedoch relativ gleichmäßig.

Kapitel I macht mit den Mitgliedern der Familie bekannt. Urgroßmutter, Großvater, Großmutter und die werdende Mutter erleben und reflektieren die Geburt aus ihrer individuellen Lebenssituation. Auch die folgenden vier Ka-

Überwiegend subjektive Erzählweise

Rollenprosa

149

pitel gewähren mit Hilfe der erlebten Rede Einblick in die Gedankenwelt der älteren Generation. In Rollenprosa aufgesplittet, dringen die unterschiedlichen Geschichtserfahrungen in das Romangeschehen ein, die das Fundament für Gabrieles Ich bilden. Ihre Herkunft und ihre soziale Umwelt entstehen damit vor den Augen des Lesers; die historische Perspektive wird um fast 50 Jahre erweitert. Am Beispiel der Erlebnisse von fünf Generationen einer Familie entsteht so auch das Bild einer Nationalgeschichte. Zugleich erhalten die Figuren in diesem Ensemble einen je eigenen Spielraum, der sich erst auf die Protagonistin verengt, als mit dem Tod ihres Großvaters auch die Kindheitsphase abgeschlossen ist.

Leser kennt nur Gabrieles Sicht
Danach steht ausschließlich Gabriele selbst im Zentrum des Romans. Auf ihre begrenzte Perspektive ist der Leser angewiesen, um Konflikte aus dem privaten wie dem öffentlichen Leben zu erfahren. Was sie an gesellschaftlichen oder politischen Auseinandersetzungen nicht interessiert, bleibt auch ihm verborgen. Ähnlich unausgewogen sind nun auch die Spielräume zwischen den Figuren des Romans verteilt: So bleibt Gabriele einen großen Teil ihres Gefühlslebens schuldig und verleiht der Beziehung zu ihrem Partner kaum Ausdruck. Das erschwert das Verständnis des Lesers, der in Jörg lediglich einen langweiligen Durchschnittsmenschen sieht, dessen Interessen auf den Betrieb, die Lokalnachrichten und das Kreuzworträtsel in der Zeitung begrenzt sind. Damit bleibt undeutlich, weshalb sie ihn geheiratet hat oder zu ihm zurückkehrt – erkennbar wird lediglich das Desinteresse der Autorin, die den Frauenfiguren in diesem Roman wesentlich mehr Platz einräumt als deren Partnern.

Elemente personalen Erzählens finden sich auch, wenn Dialoge in direkter Wechselrede notiert werden. Dabei ist der Wechsel zwischen erlebter und direkter Rede für den Leser nicht eindeutig zu bestimmen, denn die Autorin verzichtet auf die üblichen Hinweise in der Zei-

chensetzung: Doppelpunkt wie Anführungs-
zeichen werden konsequent übergangen und
lassen die Übergänge fließend erscheinen.
Auch die Vermittlung historischer Fakten in
Form von wissenschaftlichen Abhandlungen
und Reportagen lässt den Eindruck von Objek-
tivität bzw. von Unmittelbarkeit entstehen.
Durch Kapitelüberschriften und Jahreszahlen
wird der Leser auf die Handlungsentwicklung
vorbereitet. Die präzise Datierung des Geschehens weist auf die historischen Abläufe hin;
souverän geht die Autorin mit dokumentari-
schem Zitatmaterial um. Die Romanhandlung
gewinnt an Authentizität und lässt die katego-
rialen Unterschiede zwischen Realgeschichte
und Fiktion in den Hintergrund treten. Damit
entsteht eine „kollektive Autobiographie, die
durch prismatische Brechung das äußerst Individuelle schilder(t), welches repräsentativ für
die ganze Generation ist." (Areta Dobrjansky:
Darstellung von Vergangenheit und Gegenwart
im deutschen autobiographischen Elite-Roman
und Unterhaltungsroman der Moderne, New
York 1984, S. 21) Diese Technik erinnert an Bert
Brechts Ideen vom „epischen Theater", ver-
fremdenden Elementen, die Distanz schaffen,
indem sie sich zwischen Rezipienten und die
zur Identifikation einladenden Figuren schieben (Bertolt Brecht: Kleines Organon für das
Theater, Frankfurt 1977 [Gesammelte Werke in
20 Bänden], Bd. XVI).

**Verfremdungs-
technik**

Von Anfang an mischt sich der Erzähler, der
sonst hinter der Maske seiner Personen verborgen bleibt, auch direkt in die fortlaufende
Handlung ein. Er reflektiert das Geschehen,
fügt allgemeingültige Erörterungen an – dies
jedoch so unmerklich, dass der Leser sein Eingreifen kaum beachtet. Deutlich wird das in
unterschiedlichen Entwicklungsstadien des
Geschehens, etwa wenn die Diskrepanz von
Enttäuschung und weihnachtlicher Familien-
stimmung bei Susanne mit einer alltäglichen
Beobachtung kommentiert wird: „Als werde
Erwartung nicht immer wieder getäuscht, ent-

**Einmischung des
Erzählers**

täuscht und eingetauscht in alltäglichen Haß." (S. 41) Ähnlich wird die Stimmung Gabrieles nach der weihnachtlichen Auseinandersetzung pointiert: „Kälte, die wie Stille ist: Lähmend. Irgend etwas ist vorbei, zerstört" (S. 49) oder ihr psychischer Zustand nach dem Tod Ludwigs beleuchtet: „Denn Trauern schließt Abschied mit ein, das Ende der Hoffnung. Trauern heißt Unwiderbringliches aufsammeln, nachtragen, festhalten, gegen das Vergessenwerden an. Soweit ist sie noch nicht. Soweit sind sie noch nicht." (S. 339)

Am Ende mischt sich die Erzählerstimme ein, um dem Leser Varianten für einen Schluss des Romans vorzuschlagen: Mit dem Satz „Hier ließe sich enden" (S. 374) blendet sich der Erzähler aus dem historischen Prozess aus, in dem die geschilderten 100 Jahre nur einen Ausschnitt bilden, und überlässt dem Leser eine eigene Rolle in der Textproduktion.

Arbeitstagebücher

Vom Erzählfluss abgehoben sind die fünf Kapitel „Aus dem Arbeitstagebuch zum Roman". Sie stehen quer zur fortlaufenden chronologischen Handlung und zwingen den Rezipienten zu einer Genauigkeit des Lesens, die einer Orientierung am Spannungsverlauf widerspricht.

Ein auktorialer Erzähler meldet sich

Ein auktorialer Erzähler greift ordnend und auswählend in das Geschehen ein; Stoff, der in der Schilderung der Lebensstationen Gabrieles ausgespart bleibt, wird hier ergänzt. Vor allem das erste der „Arbeitstagebücher" hat den Charakter eines Rohentwurfs zu einem noch zu schreibenden Kapitel. Man ist versucht, es als „work in progress" zu lesen, als Notate aus der Werkstatt der Autorin, wie sie ähnlich auch in ihrem realen Tagebuch zu finden sind.

Das Material dient dazu, punktuelle Einzelheiten zu einem Gesamtbild von Gabriele zusammen zu fügen: „Nachdenken über Gabriele. Ihre Kindheit endet ganz sicher an dem Tag, an dem ihr Großvater begraben wird. Vielleicht schon auf dem Friedhof, vielleicht am Kaffeetisch..." (S. 86). Adverbien wie „ganz sicher" oder „vielleicht" stellen Wertungen und Unsicherheiten der Autorin im Umgang mit ihrem Material vor. Ereignisse, die einige Jahre auseinander liegen, trotzdem aber zu einem thematischen Kontext gehören, werden zusammengefasst, um eine Annahme zu rechtfertigen: „Wörter, Sätze, die sich erst später zum Bild der Großmutter fügen werden." (S. 89) Vorausdeutungen betonen die allwissende Haltung des Erzählers: „Die Alltagssprache ist mit neuen Wörtern und Abkürzungen durchsetzt, Gabriele wird später im Leben noch Mühe haben, sie auseinander zu halten." (S. 87) Dies entspricht der ursprünglichen Absicht der Autorin, die in ihren Tagebuchnotizen die Entstehung dieser Kapitel beleuchtet:

> „Überlegungen, ob ich Reflexionen und Visionen zwischen die Kapitel blende, z. B. als Tagebuchnotizen, oder ob ich mich auf Dokumentarisches beschränke." (22. 2. 1976, in: SALZ, a. a. O., S. 6)

Unter der Hand geht diese Distanz zwischen Erzähler und Romanfigur verloren. Bereits das zweite Arbeitstagebuch zeigt, wie nahe beide Positionen aufeinander zu gerückt sind. Verben wie „Wahrnehmen", „Beobachten", „Notieren", „Festhalten", „Aufrechnen", „Erinnern" (S. 158 ff.) drücken Verhaltensweisen der Autorin während der Arbeit an ihrem Text aus, sie können aber in gleicher Weise als Erfahrungen der Protagonistin verstanden werden. Erst die beiden Fragen gegen Ende dieses Kapitels lassen durch die Verwendung des Konjunktivs erkennen, dass die Perspektive auf die Erzählfigur übergegangen ist, sie Ausdruck der Selbstvergewisserung Gabrieles sind und nicht die Arbeit der Autorin charakterisieren: „Wer sie ist? Sie hätte keine Antwort darauf, wenn sie gefragt würde. Oder die Antwort wäre ihr nicht wichtig. Wer sie ist." (S. 166)
In den folgenden drei Arbeitstagebüchern geht dann endgültig die Perspektive des Erzählers in der seiner Figur auf: sie unterscheiden sich nur

Distanz zwischen Autorin und Romanfigur geht verloren

noch durch das Staccato der Informationen vom Romangeschehen. Gerafft zeigen sie die Entwicklung Gabrieles, die Beziehung zu ihrem Ehemann, ihre Identitätskrisen, die in konkreten Selbstmordabsichten ihren Höhepunkt erreichen. Deutlich wird diese Verschmelzung in der Selbstbefragung Gabrieles: „Wie faß ich mich? Wie be-greif ich mich" (S. 225).

In der Kritik wird der Verlust an Erzählerdistanz auf den großen Anteil autobiographischer Fakten zurückgeführt: die persönliche Betroffenheit der Autorin lasse zu wenig Abstand zwischen Erzähler und Erzähltem. Die Arbeitstagebücher als „zweite Ebene" einer Reflexion des Geschehens seien unzureichend ausgenützt (Gisela Ullrich: Wie weit darf man sein Ich betreiben?, in: Stuttgarter Nachrichten, 15. 12. 1978). Schärfer noch urteilt Heinrich Vormweg in mehreren gleichlautenden Rezensionen:

> „Standort und Perspektive der Erzählerin bleiben unscharf, weil ihr Zugang zum Stoff nicht reflektiert ist, und so wandelt sie sich unter der Hand von einer quasi allwissenden Erzählerin zur verkappten Ich-Erzählerin, die ihre Geschichte eher mühsam auf die Heldin objektiviert." (Bücher im Gespräch: Ingeborg Drewitz: Gestern war Heute", Deutschlandfunk, 1. 10. 1978)

Neben der Verschmelzung von auktorialem und personalem Erzählen gibt es eine dritte Variante, die deutlich werden lässt, wie bewusst die Autorin mit erzählerischen Mitteln arbeitet. Das XIV. Kapitel besteht ausschließlich aus schriftlichen Mitteilungen, in denen die Protagonistin sich zum ersten Mal ausführlich an ihren Mann wendet und ihm gegenüber offen Stellung bezieht. Form und Inhalt korrespondieren hier: Gabriele entwickelt unabhängig von einengenden Familienstrukturen ein eigenes Selbstbewusstsein. Diesen Prozess teilt sie ihrem Mann mit und schildert so in kleinen Schritten die sich erst entwickelnden Vorgänge auf dem Weg in eine ungewisse Zukunft. Dieses Kapitel – das längste des gesamten Romans – steht damit in der Tradition des Briefromans.

Verklammert wird das Romangeschehen durch die immer wieder anklingende Erzählung des früh verstorbenen Großonkels der Protagonistin: Er „war in Petersburg dabeigewesen im Januar 1905" und gibt seine utopisch-sozialistischen Vorstellungen in der Familientradition weiter. An insgesamt neun markanten Positionen erscheint dieses Bild „ein(es) große(n) Reigen, ein(es) Menschenreigen" (S. 24) im Roman: zunächst in den Gedanken Susannes, während und nachdem sie Gabriele auf die Welt bringt. Mit der Geburt ihrer Tochter sieht sie sich selbst als Teil dieser großen Menschenkette, die nun um einen weiteres Glied fortgesetzt wird (s. S. 22/24).

Leitmotiv verknüpft Familien- und Sozialgeschichte

Die Urgroßmutter identifiziert sich mit den Erfolgen ihres Sohnes Paul, dessen Erfahrungen und Ideen sie ihrer Großenkelin erzählt. Damit tröstet sie ihre Urenkelin für den Augenblick und bewirkt, dass er für Gabriele zum Vorbild wird (S. 51 ff.). Kurz angerissen wird diese Erzählung, wenn Gabriele in ihrer Jugend als „Zwillingswesen" auf den Spuren ihres Onkels selbständig werden möchte. Das Petersburg-Motiv symbolisiert hier das Ausbrechen, die Sehnsucht danach, die Welt kennen lernen zu wollen (S. 91). Nach dem Tod der Urgroßmutter erinnert sich Gabriele an ihre Erzählung, den ersten wesentlichen Eindruck, den sie bewusst verarbeitet hat (S. 151).

Als Hoffnungsbild steht ihr die Szene auf dem „Dwortzowaja-Platz" in einem Augenblick vor Augen, in dem sich die Hoffnungen der „Stunde Null" bereits mit real existierender politischer Repression und Zukunftsangst mischen: die Feier nach der Lizenzerteilung der Zeitschrift wird so zu einem Wendepunkt in der privaten wie der gesellschaftlichen Entwicklung (S. 183).

Im XIV. Kapitel bleibt dieses Leitmotiv ausgespart: auf Gabrieles Weg der Selbstentfaltung ist sie auf dessen Trost offensichtlich nicht angewiesen. Erst nachdem sie wieder in ihre Familienrolle zurückgekehrt ist, will sie die Hoffnung, die in diesem Aufruhr der russischen Bevölkerung liegt, an ihre Tochter weitergeben. Unbewusst – „Sie will Renate davon erzählen. Sie weiß nicht, warum." (S. 264) – sieht sie ihre Aufgabe darin, wenigstens der Tochter Werte wie Solidarität und Engagement zu vermitteln, wenn schon sie selbst in ihrem Versuch, autonom zu leben, gescheitert ist. Durch Renates spätere politische Aktivität erhält dieses Motiv erneut Gültigkeit. Ihre Bitte um den „Brief aus Petersburg" nach dem Tod des Großvaters lässt deutlich werden, wie wichtig ihr diese Tradition geworden ist (S. 298). Die Vorwürfe des Vaters, Gabriele sei mit ihrer Erzählung, der Hoffnung auf eine gesellschaftliche Veränderung, an Renates Selbstständigkeit und Politisierung schuld, bestätigen noch einmal die Bedeutung dieses Motivs: „Du hast ihr das beigebracht mit der Freiheit, sagt er. Januarsonntag 1905, hunderttausend Männer und Frauen und Kinder singen Choräle ..." (S. 337).

Die Romanhandlung beginnt und endet mit einer Geburt. Ebenso steht der „ZUG VON TAUSENDEN UND TAUSENDEN" am Anfang wie am Ende des Romans (S. 22/374). Mit Großbuchstaben arbeitet die Autorin, um noch einmal die Bedeutung dieser Sätze fest zu klopfen: die Emanzipationsgeschichte von Gabriele M. ist eingebettet in die Historie einer politischen Emanzipation, festgemacht an dem leitmotivisch gesetzten Petersburg-Erlebnis.

7. Biographische Bezüge

1. Kindheit und Jugendjahre
1923–1945

Ingeborg Drewitz wird am 10. Januar 1923 in der Berliner Straße Alt-Moabit 61 als Ingeborg Neubert geboren. Sie lebt dort „noch immer wie auf dem Land" in einer Großfamilie: die Eltern wohnen bei den Großeltern mütterlicherseits gemeinsam mit der Urgroßmutter (s. dazu: Ingeborg Drewitz: Lebenslehrzeit, Stuttgart 1985, S. 5). 1928 ziehen die Eltern aus der engen Vier-Generationen-Wohnung in Moabit nach Oberschöneweide in einen Neubaukomplex der AEG; im gleichen Jahr wird Gabrieles Schwester Brigitte geboren. Nach drei Jahren ist die Familie gezwungen, erneut eine Wohnung in der Innenstadt zu suchen. Der Vater ist seit 1929 arbeitslos und bleibt das auch in den folgenden acht Jahren. Damit kann er sich die Miete in der neuen Siedlung nicht mehr leisten. Ingeborg Neubert wohnt mit ihrer Familie zwischen 1932 und 1946 in der Mainauer Straße im Stadtteil Friedenau.

Biographische Daten

Der Großvater gehört zu den Gegnern des Nationalsozialismus; aus seiner Tätigkeit als Armenpfleger in Moabit hat er einen jüdischen Bekannten- und Freundeskreis, der durch das Klavierstudium der Mutter am Sternschen Konservatorium noch vergrößert wird. Gabrieles Vater tritt im März 1933 in die NSDAP ein, weil er hofft, damit bevorzugt wieder Arbeit zu erhalten – ein Schock für die Mutter. Als „Märzhase" muss er sich bewähren und an Sammlungsaktionen für die Partei mitarbeiten Im Juni 1940 wird er von der Gestapo abgeholt und anschließend aus der Partei ausgeschlossen, weil er sich geweigert hat, zum Sieg über Frankreich die deutsche Fahne aus dem Fenster zu hängen. Ähnlich vehement reagiert er

Familie

während der Bombenangriffe und bewegt sich am Rande einer erneuten Verhaftung.

1936 gehört Ingeborg zu den Berliner Schülerinnen, die anlässlich der Olympiade auf dem Maifeld an Bodenturnübungen teilnehmen. Im Oktober/November meldet sie sich aus Opposition gegen die Haltung der Eltern heimlich beim Bund Deutscher Mädel an; 1938 zieht sie sich nach den antijüdischen Pogromen wieder zurück. Während der Schulzeit hat sie Kontakt zu einer Lehrerin der „Bekennenden Kirche".

Studium

1941 macht sie Abitur, drei Tage später wird sie für ein halbes Jahr zum Arbeitsdienst in der Landwirtschaft eingezogen. Gegen den entschiedenen Willen des Vaters beginnt sie im Frühjahr 1942 Literaturwissenschaft, Geschichte und Philosophie zu studieren; während der Semesterferien wird sie zur Arbeit in einem Rüstungsbetrieb zwangsverpflichtet. Am 20. April 1945 schließt sie ihr Studium mit der Promotion ab. Sieben Tage später wird die Mainauer Straße von sowjetischen Soldaten erobert, am 2. Mai kapituliert Berlin. 1946 heiratet Ingeborg Neubert ihren Jugendfreund Bernhard Drewitz, der aus der Kriegsgefangenschaft zurückgekehrt ist.

Heirat

Schon als fünfzehnjähriges Mädchen ist sie entschlossen, ihr Leben mit dem Schreiben zu verbinden. Während der Schulzeit verfasst sie kleinere Stücke, die sie auch beim Theater einreicht. Ihr gelingt es damit immerhin, zu Gustav Gründgens, dem Generalintendanten der Berliner Bühnen seit 1938, vorgelassen zu werden, der sich mit einigen „freundliche(n) Ermunterungen" äußert (s. dazu: Ekkehart Rudolph: Ingeborg Drewitz. Aussage zur Person, in: Börsenblatt 66/19. 8. 1977, S. 65). Im September 1945 schließt sie in Berlin einen ersten Autorenvertrag ab, der jedoch folgenlos bleibt, da der Verlag bankrott geht.

2. Literarisches, gesellschaftliches und politisches Engagement

In der Bundesrepublik tritt Ingeborg Drewitz zunächst ausschließlich als Autorin an die Öffentlichkeit. Sie schreibt Bühnenstücke, schließt sich einer Autorengruppe, der „Arbeitsgemeinschaft Junger Kulturschaffender" an, probt und macht erste Bühnenerfahrungen mit eigenen Stücken.

Autorentätigkeit

Sie schreibt das erste Drama in Deutschland, das sich mit den Leiden der Konzentrationslager und der deutschen Schuld auseinandersetzt – „Alle Tore waren bewacht" (1951) – und erhält dafür ein Stipendium von Carl Zuckmayer. Das Schicksal dieses Stücks zeigt aber auch die Probleme, mit denen die junge Autorin zu kämpfen hat. Es bleibt zunächst ungespielt. 1953 liest sie den Text während der „Woche der Brüderlichkeit", 1955 erst wird das Drama in Berlin uraufgeführt; Ingeborg Drewitz erhält dafür die Jochen-Klepper-Gedächtnisplakette. Auf eine ähnlich geringe Resonanz stoßen ihre weiteren Schauspiele, Erzählungen und Romane, die in diesen Jahren entstehen. Frustrierend genug ist die Erfahrung, die sie mit vielen jungen Autoren teilt – ihre Tätigkeit bleibt unbeachtet, wirft nichts ab.

In den fünfziger und sechziger Jahren ist sie durch ihr Privatleben eingebunden: sie hat drei Töchter; ihr Mann ist engagierter Gewerkschaftler, der als Betriebsratsvorsitzender in der Bank, in der er angestellt ist, arbeitet und viel unterwegs ist. Dennoch schreibt sie weiter und hat zunächst mit Hörspielen Erfolg, die stärker nachgefragt und auch besser bezahlt sind als Verlagsarbeiten. Sie zieht sich in diesen Jahren nicht auf ihr Familienleben zurück, sondern beginnt, in Schriftstellerverbänden zu arbeiten. 1965 ist sie Vorsitzende des Schriftstellerverbandes Berlin. 1967 gibt sie mit einem provozierenden Beitrag für die Zeitschrift DIE ZEIT – „Alte Männer schreiben Heimatdichtung" – den Anstoß für eine Generalkritik an

Engagement bei Schriftsteller-verbänden

159

den bestehenden Schriftstellerverbänden. Sie will, dass sich die Schriftsteller der Verantwortung für die Gesellschaft stellen und initiiert die Gründung des „Verbandes deutscher Schriftsteller" (VS) 1969, dessen Bundesvorstand sie bis zum Jahr 1980 angehört. Sie betreibt den Beitritt des VS in die Industriegewerkschaft Druck und Papier – der Einfluss der Gewerkschaftsarbeit ihres Mannes wird in der Erkenntnis deutlich, dass „die Industriegewerkschaft doch die einzige, ja auch ökonomisch und politisch stabile Basis für eine Schriftstellerverbandsarbeit abgeben könnte." (Interview mit Günther Demin, in: Barbara Kliesch, a. a. O., S. 139)

Kulturelles Engagement

Die Zielsetzung ihrer Arbeit ist bei aller unterschiedlichen konkreten Ausrichtung immer solidarisch-gewerkschaftlich orientiert: sie setzt sich für unterdrückte Literatur wie für gefährdete Autoren ein. 1967 organisiert sie die erste Ausstellung über Emigrationsliteratur in der Bundesrepublik und kann die Lyrikerin Nelly Sachs dazu bewegen, aus dem Exil in Schweden zu ihrem einzigen Deutschlandaufenthalt zu kommen. Sie macht auf die Literatur von Arbeitern aufmerksam. Sie kümmert sich um Autoren in sozialistischen Staaten, gleichzeitig

Politisches Engagement

wendet sie sich öffentlich gegen das Franco-Regime in Spanien und unterstützt Schriftsteller, die dort in Schwierigkeiten geraten sind. Nach der Revolution in Portugal hilft sie, den dortigen PEN-Club aus der Taufe zu heben. Ebenso engagiert sie sich in der Sowjetunion, in Griechenland, Lateinamerika und dem Irak für die aus politischen Motiven gefangenen Schriftsteller und erreicht häufig Hafterleichterungen – so auch für Ernesto Cardenal, den späteren Kulturminister Nicaraguas.

Intensiv bemüht sie sich um die Arbeitsverhältnisse von Autoren. Sie stellt die erste Sozialstatistik deutscher Autoren zusammen. Sie trägt dazu bei, dass zum ersten Mal durch eine Alten- und Krankenversorgung die soziale Basis für freischaffende Künstler gesichert und eine Sozialkasse eingerichtet wird; Mustverträge zwischen Autor und Verlag werden auf ihre Veranlassung entworfen. In diesem Sinn leistet Ingeborg Drewitz eine wohl einzigartige verbandsinterne Tätigkeit, die in kein Rollenklischee passt – als Autorin wird von ihr mehr Individualität, als Frau mehr Zurückhaltung erwartet. Dass sie beides nicht erfüllt, kostet sie Sympathien. So gilt sie vielen Rezensenten nicht in erster Linie als Autorin, sondern als ehrgeizige Literaturfunktionärin.

1967/68 beginnt Ingeborg Drewitz, sich intensiv in politische Auseinandersetzungen einzumischen. Sie ist von der Studentenbewegung in Berlin fasziniert und reagiert empört auf die Reaktionen der Massenpresse wie der Staatsgewalt. Nach der Erschießung des Studenten Benno Ohnesorg zeigt sie den Verleger Axel Springer wegen „Anstiftung zur Körperverletzung" an.

In den siebziger Jahren wendet sie sich gesellschaftlichen Randgruppen zu: sie greift Gastarbeiterprobleme auf, hat zahlreiche Kontakte zur türkischen Bevölkerung in Berlin und organisiert die erste literarische Veranstaltung, die auf die Literatur und Kultur von Türken in Deutschland aufmerksam macht. Sie beginnt Strafgefangene zu betreuen, lernt die Situation in Gefängnissen kennen und fördert die Herausgabe von Texten Inhaftierter.

Hinwendung zu Randgruppen

Politisch tätig ist sie auch als Mitglied im deutschen Beirat des Dritten Russell-Tribunals „Zur Situation der Menschenrechte in der Bundesrepublik", das sich mit der Berufsverbotspraxis und mit Fällen staatlich verordneter Zensur befasst – und allein durch seinen Namen als Provokation wirkt. Frühzeitig – bereits Ende der siebziger Jahre – erkennt sie die Gefahr des Neofaschismus, vor dessen Bagatellisierung sie in mehreren Beiträgen vergeblich warnt. 1981 übernimmt sie die Patenschaft für ein besetztes Haus in Berlin und unterstreicht die Ernsthaftigkeit ihres Engagements, indem sie symbolisch eine Nacht dort verbringt.

Aktiv in der Frie-
densbewegung

Zu Beginn der achtziger Jahre ist sie in der Friedensbewegung aktiv. Sie demonstriert in Mutlangen gegen die Stationierung von Mittelstreckenwaffen. Dabei besteht sie jedoch auf einer differenzierten politischen Zielsetzung und lässt sich weder für eine pro- noch antikommunistische Haltung vereinnahmen: sie steht für einen undogmatischen demokratischen Sozialismus ein.

Sie ist vehement politisch wie sozial an den Brennpunkten der Gesellschaft engagiert, immer auf der Seite der underdogs und ohne sich um ein ausgewogenes, an Realpolitik orientiertes Urteil zu kümmern. Für sie gibt es keine Trennung zwischen gesellschaftlichem, politischem oder literarischem Engagement:

> „Man hat in der deutschen Literaturdiskussion nie begriffen, daß Engagement zum Schreiben gehört; das heißt ja nicht ein Engagement hinter einer Fahne her oder hinter einer Ideologie her, das heißt auch nicht nur Engagement für die sozial Schwachen – obwohl die sozial Schwachen auch einfach gesehen werden müssen, und als Schreibender ist es eine Erfahrung nicht nur sie zu sehen, sondern auch mit ihnen zu leben – aber das heißt schreiben im Bewußtsein, daß ich, der Schreibende / die Schreibende, nicht allein in meinem Elfenbeinturm kauere und auf mich selber starre und über mich selber nachdenke, und wenn ich das tue, doch eingebunden bin in ein soziales Umfeld. Und Engagement heißt eigentlich nur dies für mich, dies Wahrnehmen." (Interview mit Ingeborg Drewitz, 9. 5. 1983, in: Gerhild Brüggemann Rogers: Das Romanwerk von Ingeborg Drewitz, a. a. O., S. 5f.)

Ambivalente
Reaktionen

Die Reaktionen auf das unbekümmerte Engagement der Autorin sind ambivalent – kaum eine Schriftstellerin hat zugleich so viele Auszeichnungen erhalten und ist so sehr verunglimpft worden wie sie. Sie wird angepöbelt, erhält anonyme Drohbriefe und Anrufe, auf einer Postkarte des neofaschistischen Kampfbundes „Freies Europa" wird ihr Tod angekündigt (s. Tagebuchnotiz, Ende Jänner 1977, in: SALZ, a. a. O., S. 7). Für den Verfassungsschutz gilt sie 1975 als Terroristen-Sympathisantin. Umstritten ist ihre Position auch unter Schriftsteller-Kolleginnen und Kollegen. Der VS steckt in den achtziger Jahren in tiefen Konflikten, so dass eine Spaltung zu befürchten ist. Ingeborg Drewitz wird 1984 gebeten, für den Bundesvorsitz zu kandidieren, um mit ihrer Fähigkeit zum Ausgleich und zur Integration eine Lösung der verfahrenen Situation zu finden. Sie sagt zögernd zu – und wird in einer Nacht-und-Nebel-Aktion von DKP-nahen Autoren „ausgetrickst", so der „Vorwärts" vom 28. 4. 1984 – der Grund für diesen Affront: ihr Eintreten gegen die Repression von Schriftstellern in Polen und ihr differenziertes Verhältnis zu DDR-Autoren, Positionen, die in der „Lager"-Mentalität dieser Zeit nicht mehrheitsfähig sind.

3. „Gestern war Heute" – ein autobiographischer Roman

Ingeborg Drewitz hat ihren Roman hart an der eigenen Lebenslinie entlang geschrieben. Bis in die Details lassen sich eigene Erfahrungen in diesem fiktiven Text wiederfinden. Einige Positionen hat sie verändert oder neu bewertet, Weniges neu eingeführt und kaum etwas getilgt.

Eigenes Erleben fließt in den Roman ein

Vor allem die Jahre vor 1945 zeigen die Nähe zwischen dem Leben der Autorin und dem ihrer Protagonistin. Ingeborg Drewitz bezieht sich in der Gestaltung der Familienkonstellation, ihrer Charakterisierung der Familienmitglieder und deren Zusammenleben auf engstem Raum auf ihre persönliche Geschichte.

Schreibend setzt sie sich mit der vielfach belasteten Beziehung zu ihrem Vater auseinander, beschreibt, wie sie sich das Studium gegen seinen Willen erkämpft, durch das ständige Opponieren gegen ihn das eigene Widerstandspotential einübt. Ein zentrales Thema ist das Leben der Frauen in dieser Familie, das auf den Haushalt beschränkt ist und sich durch ihre Erziehungsmaßregeln auf das Kind auswirkt. So gelangt sie zu einer ambivalenten Einstellung gegenüber der Mutter, die sie als bleibendes Vorbild bewundert, mit deren Verzicht auf eine Karriere als Pianistin sie sich aber nicht identifizieren kann.

Verändert hat die Autorin im wesentlichen drei Momente. Die Beziehung zu ihrem Jugendfreund Bernhard Drewitz, den sie 1946 heiratet, ist aufgesplittet in die Liebe Gabrieles zu dem jungen Mann aus der Widerstandsgruppe und dem späteren Ehemann Jörg. Die Autorin hat zwar während ihrer Schulzeit Kontakt zu einer Lehrerin aus der Bekennenden Kirche, sie ist selbst aber nicht an Widerstandsaktionen beteiligt. Ihr Bedürfnis, literarisch aktiv zu werden, spielt im Roman keine Rolle.

Die Parallelen zwischen den eigenen Kindheitserfahrungen und dem Romangeschehen betont Ingeborg Drewitz, wenn sie über den Entstehungsprozess berichtet:

> „Das habe ich versucht autobiographisch so darzustellen. Und beim Nachdenken kam immer noch mehr an Erinnerungsstoff hoch, denn mit zehn Jahren lebt man ja einfach voll bewußt. Und ich habe dann nun versucht, etwas herauszuholen, sozusagen eine Szenerie genau zu machen, um von da aus das Assoziationsspiel einfach auch wieder ausgehen zu lassen." (Interview mit Günther Demin, a. a. O., S. 131)

In den Jahren nach 1945 geht Ingeborg Drewitz freier mit der eigenen Biographie um. Umgewandelt wird bereits das Engagement in der ersten Nachkriegszeit: versucht Gabriele mit ihrer Gruppe eine eigene politisch-kulturelle Zeitschrift auf den Markt zu werfen, arbeitet die Autorin in der „Arbeitsgemeinschaft junger Kulturschaffender", schreibt und übt eigene Stücke ein.

Die Doppelbelastung der Autorin und Mutter geht dagegen ungefiltert in das Romangeschehen ein: drei Töchter sind zu versorgen, eine vierte Tochter stirbt bei der Geburt im Jahr 1957 – im gleichen Jahr wie die Tochter der Romanprotagonistin. Auch ihr Tod geht auf persönliche Erfahrungen zurück:

> „Daß wir Maren vorgestern beinahe verloren hätten ... (Sturz aus dem Heuboden beim Spielen. Sie weiß vom Sturz und vom Krankentransport mit Blaulicht nichts.) Bin noch wie taub und dabei so einfach auf Zärtlichkeit gerichtet." (Tagebuchnotiz vom 14. 4. 1969, in: SALZ, a. a. O., S. 6)

In der Wohnung der Familie lebt auch der Schwiegervater. Die meisten ihrer Bücher schreibt Ingeborg Drewitz im Wohnzimmer; erst als die Töchter das Haus verlassen, kann sie sich ein eigenes Arbeitszimmer einrichten. Familienkrisen sind in dieser belastenden Situation kaum zu vermeiden, wie Bernhard Drewitz 1988 in einem Interview andeutet:

> „Ich habe bei der Hochzeit gewußt, daß wir keinen normalen Haushalt führen, ich nach Hause komme und die Pantoffeln hingesetzt bekomme. Sie war damals schon schreibend gewesen. Das mußte eben sein. (...) Für die Kinder war es vielleicht zu manchen Zeiten etwas schwierig, weil sie von anderen Schulkameraden sahen, wenn die nach Hause kommen, dann sitzt die Mutter die ganze Zeit bei den Schularbeiten. So etwas gab es bei uns nicht. Wir haben uns gegenseitig diese Rechte eingeräumt. Sie hat deshalb auch sehr zeitig den Kindern ihre Freiheiten gelassen." (Interview mit Bernhard Drewitz, a. a. O., S. 113)

Keine genaue Autobiographie

Der Roman verschärft die krisenhaften Situationen im Familienleben der Autorin. Radikal äußert sie Kritik am gewerkschaftlichen Engagement von Gabrieles Mann, das sie in ihrem eigenen Leben als durchaus vorbildhaft sieht, wie ihre Mitarbeit in den diversen Schriftstellerverbänden zeigt: Sie artikuliert als Problem, gesellschaftspolitische Ansprüche auf Verbesserungen in der alltäglichen Arbeit herunter zu schrauben und für utopische Impulse nicht mehr ansprechbar zu sein. Die Konsequenz Gabrieles, ihr im ausführlichen XIV. Kapitel geschilderter Ausbruch aus der Ehe, der Abschluss ihrer Ausbildung und die Berufstätigkeit, haben mit der Biographie der Autorin nichts gemein.

Romangestalten als „Spielfiguren" Vergleicht man das Leben der Autorin mit dem ihrer Romangestalt, zeigt sich, wie viel mehr Kraft, Durchsetzungsvermögen und persönliche Ausstrahlungskraft Ingeborg Drewitz besessen hat. Obwohl der Text einen Großteil subjektiver Erfahrungen aufnimmt, ist er doch mehr als ein Memoirentext, der versucht, das eigene Schicksal in einen zeitgenössischen und kulturhistorischen Kontext zu stellen. Die Autorin verändert ihre realen Erfahrungen in erster Linie, um ein symptomatisches Bild von Frauenschicksalen in Deutschland während der letzten hundert Jahre entstehen zu lassen. Es geht um Mütter-Töchter-Beziehungen und um die Diskrepanz von gesellschaftlichen und privaten Ansprüchen an die Frauen. Die Mütter sind noch durch ein patriarchalisches Frauenwunschbild geprägt, sie versuchen dennoch, ihren Töchtern ein stabileres Selbstbewusstsein zu vermitteln. Dieser Prozess wird im Verlauf von fünf Generationen vorgestellt und hat ein offenes Ende; der Weg zur Eigenständigkeit ist mit Kontinuitäten und Brüchen durchsetzt. Gabrieles Geschichte spiegelt diese widersprüchlichen Erfahrungen. Sie ist „angepaßt-unangepaßt", wie Ingeborg Drewitz schreibt (Brief vom 4. 9. 1979, in: Titus Häussermann, a. a. O., S. 106) und verweist damit auf die spezifische Problematik weiblicher Lebenszusammenhänge und ihre besondere Defizitsituation. Die Gestalten ihrer Romane, so fasst die Autorin ihre Arbeitsweise zusammen, variieren eigene Entwicklungsmöglichkeiten, sie sind „Spielfiguren" in einem Puzzle.

8. Entstehung und Rezeption des Romans

Erste Überlegungen der Autorin zu diesem Roman reichen bis ins Jahr 1967 zurück. Es ist zunächst ein vager Plan, die Ereignisse in der heißen Phase der Studentenbewegung mit privaten Erfahrungen zu verbinden, in der Medienschlacht „das Nicht-Gesagte spürbar" werden zu lassen (Tagebuchnotiz v. 8. 11. 1967, in: SALZ, a. a. O., S. 6). Sie sammelt Material, recherchiert in ihrer alten Umgebung, führt Gespräche, zeichnet Erinnerungen und Träume auf. 1973 konkretisieren sich die Vorarbeiten. Ingeborg Drewitz sichtet ihr Material, ordnet es neu an, trifft Überlegungen zur Erzählperspektive wie zum Einbau der autobiographischen Daten. Sie skizziert den Stoff „auf einem großen Bogen Millimeterpapier (…), der die Eigendynamik der handelnden Personen berücksichtigt und sich bemüht, ihnen ihr Wachstum zu belassen." (Ingeborg Drewitz las aus „Gestern war Heute", in: Neue Westfälische Zeitung, 7. 10. 1978)

Erste Überlegungen 1967

1975 erst beginnt sie mit der Niederschrift. Das komplizierte Verhältnis von Gegenwart und Vergangenheit verlangt einen langwierigen Schreibprozeß. Sie benötigt dafür weitere drei Jahre, bis sie im Januar 1978 schreiben kann: „Langsam löse ich mich vom Manuskript. Leichtigkeit stellt sich ein." (Tagebuchnotiz v. 9. 1. 1978, in: SALZ, a. a. O., S. 7)

Niederschrift 1975

Eine erste Vorstudie zu ihrem Roman wird mit der Erzählung „Die Nachricht" in dem Sammelband „Der eine, der andere" 1976 veröffentlicht. Es geht um die Beziehung zwischen einem Bankangestellten und seiner Frau, die als Übersetzerin zu Hause arbeitet. In Rollenprosa werden die Einstellungen und Gefühle der Partner an einem gewöhnlichen Arbeitstag gegenüber gestellt.

Der kurze Text lässt bereits erkennen, wie sich die Autorin an ihren Roman annähert: die Beziehung zwischen Gabriele, Jörg und Renate entsteht hier im Kern. Die Kommunikation zwischen ihnen geschieht zum großen Teil außersprachlich, ist auf Zeichen und Gesten beschränkt. Verlierer sind hier wie da vor allem die männlichen Figuren. Vergleichbar ist die Sprache gesetzt: ein nüchtern-schmuckloser Stil, der durch parataktisch gereihte Aussagesätze geprägt ist. Sie sind in der Erzählung jedoch sehr viel stärker mit Sprachbildern durchsetzt.

Unterschiede lassen sich inhaltlich wie stilistisch festhalten. Autobiographische Daten sind stärker prononciert; die Perspektive ist deutlich auf die Seite des Ehemannes verlagert, der einen wesentlich größeren Anteil am Text erhält. Der Perspektivenwechsel erlaubt eine genauere Darstellung der psychischen Vorgänge des Mannes. Inhalt und Sprache dieser Erzählung werden in den Rezensionen des Bandes besonders hervorgehoben, spricht daraus doch ein viel versprechender, innovativer Ansatz:

> „Hier findet die Erzählerin zu einer neuen Sensibilität, der sie in einer wunderbar ruhigen, klaren, von Hauptsätzen geprägten Sprache Ausdruck gibt. (...) Wird mit einer solchen Sprache, einem solchen Lakonismus kurzes Erzählen wieder möglich? Es scheint so." (Rainer Wochele: Nachrichten vom Aufbau, in: Stuttgarter Zeitung, 15. 9. 1976, in: Titus Häussermann, a. a. O., S. 76)

Veröffentlichung 1978

Als 1978 der Roman im Buchhandel erscheint, trifft er auf ein breites Medienecho. 44 Rezensionen im deutschsprachigen Raum setzen sich mit „Gestern war Heute" auseinander – von der Badischen Zeitung bis zum Zofinger Tagblatt. Dazu kommen einige Rundfunkbesprechungen des Romans, Dissertationen in den USA und in Deutschland, Magister- Zulassungs- und Hausarbeiten, in denen dieser Text zentral steht.

„Gestern war Heute" wird zu einem Bestseller und gehört auf dem deutschen Buchmarkt zu den am häufigsten verkauften Büchern 1978. Nach Mitteilung des Claassen-Verlags vom 22. 10. 1996 liegt die Gesamtauflage der gebundenen Ausgabe bei etwa 30.000 Exemplaren, als Taschenbuch erscheint der Roman in zehn Auflagen und auch in verschiedenen Buchclubs ist er vertreten – insgesamt der am weitesten verbreitete Band von Ingeborg Drewitz überhaupt. Vor allem jüngere Leser lassen sich von den geschilderten Verhältnissen faszinieren, wie das Publikum auf den zahlreichen Lesungen der Autorin zeigt.

In Buchbesprechungen wird „Gestern war Heute" neben Christa Wolfs „Kindheitsmuster" (1976) oder Walter Kempowskis „Tadellöser & Wolff" (1971) und „Uns geht's ja noch gold" (1972) gestellt, autobiographische Romane, die ebenso in die Jahre des Dritten Reichs und die Nachkriegszeit zurückreichen, um aus der nationalsozialistischen Vergangenheit die Gegenwart zu begreifen.

Rezeption

Scharf kritisiert wird der Roman von Teilen der Frauenbewegung, die die Position der Autorin ablehnend gegenüberstehen. Auf diese Auseinandersetzung weist Ingeborg Drewitz in Interviews immer wieder hin:

> „Ingeborg Drewitz schildert eine Rundfunkjournalistin, für die Emanzipation Selbstbestimmung, nicht aber auch Kampf gegen die Männerwelt bedeutet, und darum, so sagte sie im Gespräch nach der Lesung, lehnen die Feministinnen ihr Buch eher ab." (Zwei Generationen und die Emanzipation, in: Kölnische Rundschau, 15. 3. 1979)

Daneben steht jedoch vor allem das politische Engagement der Autorin und ihr Verständnis für die Ziele der Studentenbewegung im Brennpunkt der Kritik – wie Ingeborg Drewitz aktuelle Auseinandersetzungen in einem fiktiven Text aufgreift und verarbeitet, stößt auf

Ablehnung von links wie rechts. Aus konservativer Sicht stören „nur mühsam verdeckte Vorurteile gegen Reiche, scheinbar Sorglose, den Wohlstand Genießende – die Edlen, das sind die anderen." (Bücher-Kommentare Nov./Dez. 1978); „immer mal wieder (werden) linksgängige Ideologie-Floskeln vorsätzlich in den Fluß der Geschichte eingebaut und nicht wirklich reflektiert oder gar befragt, (...) die unübersehbare Absicht verstimmt." (Helene Schreiber: Traurige Saga aus Restberlin, in: Deutsche Zeitung, 6. 10. 1978)

Rezensenten aus dem linken politischen Lager kritisieren den Individualismus, der im Verhalten von Gabriele M. erkennbar wird. So schreibt die UZ: „Wir wissen oft andere Antworten als Ingeborg Drewitz, aber ihre Antworten zwingen uns zu Stellungnahmen." (Randolf Retzlaff: Gabriele bleibt Einzelkämpferin, in: Unsere Zeitung, 5. 5. 1979) Deutlicher wird der politische Vorbehalt noch in einer Besprechung des Berliner Rundfunks:

> „Es entsteht so eine Art „Realismus des guten Willens". Der tiefere Grund für diese Tendenz liegt darin, daß die Figuren nicht klassenmäßig erfaßt werden. Die bürgerliche Vorstellung von der prinzipiellen Freiheit des Einzelnen unterliegt als Ideal dem ganzen Roman. Die Spannung zwischen der persönlichen Zielsetzung von Gabriele M. und ihrer Zugehörigkeit zu einer Klasse, die sie geprägt hat, kann so nicht entwickelt, nicht als Prozeß gefaßt werden. Ingeborg bleibt bei einer abstrakten Gegenüberstellung von Individuum und Gesellschaft." (Martin Kurbjuhn: Ingeborg Drewitz: „Gestern war Heute", Sender Freies Berlin, 26. 10. 1978)

Literaturliste

Primärliteratur

Ingeborg Drewitz: „Die ganze Welt umwenden": ein engagiertes Leben, Düsseldorf 1987

Ingeborg Drewitz: Gestern war Heute [Theaterstück], in: die horen 32/1987 H. 145, S. 165–181.

Ingeborg Drewitz: Die halbvollendete Emanzipation der Frau, in: Neue deutsche Hefte 130/1971 H. 2, S. 89–105.

Ingeborg Drewitz: Hinterm Fenster die Stadt: aus einem Familienalbum, Düsseldorf 1985

Ingeborg Drewitz: Kurz vor 1984. Literatur und Politik; Essays. Mit einem Vorwort von Walter Dirks, Stuttgart 1981

Ingeborg Drewitz: Lebenslehrzeit, Stuttgart 1985

Ingeborg Drewitz: Tagebuchnotizen, in: SALZ. Salzburger Literaturzeitung 4. Jg. Nr. 15/ März 1979, S. 6f.

Ingeborg Drewitz: Zeitverdichtung. Essays, Kritiken, Portraits, Wien 1980

Sekundärliteratur

Katharina Aulls: Verbunden und Gebunden. Mutter-Tochter-Beziehungen in sechs Romanen der siebziger und achtziger Jahre, Frankfurt/M 1993 [German Studies in Canada Bd. 3]

Yvonne-Christiane Fischer-Lüder: An den Rand gedrückt – zum Opfer gemacht – Subjekt geworden: die Entwicklung der Frauenfiguren in den Romanen von Ingeborg Drewitz, Frankfurt/M 1990 [Europ. Hochschulschriften Reihe 1: Deutsche Sprache und Literatur Bd. 1172]

Günter Giefer: Berliner Rückblicke auf fünfzig Jahre, in: Neue Deutsche Hefte 1979 H. 162, S. 336–340.

Titus Häussermann (Hg.) [unter Mitarbeit von Christa Melchinger und Bernhard Drewitz]: Ingeborg Drewitz. Materialien zu Werk und Wirken, Stuttgart 1983

Sigrid und Wolfgang Jacobeit: Illustrierte Alltags- und Sozialgeschichte Deutschlands 1900–1945, Münster 1995

Helga Kraft/Elke Liebs (Hg.): Mütter – Töchter – Frauen. Weiblichkeitsbilder in der Literatur, Stuttgart/Weimar 1993

Helmut Kreuzer: Neue Subjektivität. Zur Literatur der siebziger Jahre in der Bundesrepublik Deutschland, in: Manfred Durzak (Hg.), Deutsche Gegenwartsliteratur. Ausgangspositionen und Entwicklungen: Stuttgart 1981, S. 77–106

Renate Möhrmann: Feministische Trends in der deutschen Gegenwartsliteratur, in: Manfred Durzak (Hg.) *Deutsche Gegenwartsliteratur.* Ausgangspositionen und Entwicklungen, Stuttgart 1981, S. 336–358

Renate Möhrmann: Verklärt, verkitscht, vergessen. Die Mutter als ästhetische Figur, Stuttgart 1996

Bernd Neumann: Die Wiedergeburt des Erzählens aus dem Geist der Autobiographie?, in: Basis. Jahrbuch für deutsche Gegenwartsliteratur Bd. 9/1979, Frankfurt/M 1979, S. 91–121.

Gerhild Brüggemann-Rogers: Das Romanwerk von Ingeborg Drewitz, New York 1989 [Studies in Modern German Language Bd. 26]

Jutta Sauer/Ingeborg Drewitz: Literatur und Engagement. Ein Gespräch, in: Neue deutsche Hefte 32/1985 H. 4, S. 733–747

Gertrud Schänzlin: Frauenbilder. Ingeborg Drewitz: Gestern war Heute – Theodor Fontane: Effi Briest – Barbara Frischmuth: Erzählungen – Heinrich Mann: Eugénie, Stuttgart 1986 [Pegasus Klett Anregungen für den Literaturunterricht 39906]

Annegret Schmidjell: Quartier auf Probe. Tendenzen feministischer Literaturpraxis aus der neuen Frauenbewegung, Stuttgart 1986 [Stuttgarter Arbeiten zur Germanistik Nr. 174]

Jürgen Serke: Frauen schreiben. Ein neues Kapitel deutschsprachiger Literatur, Hamburg 1979

Monika Shafi: Die überforderte Generation: Mutterfiguren in Romanen von Ingeborg Drewitz, in: Women in German Yearbook 7/1991, S. 23–41

Gisela Ullrich: Ingeborg Drewitz, in: KLG, 29. Nachlieferung

Gisela Ullrich: Ingeborg Drewitz: Gestern war Heute Hundert Jahre Gegenwart, mit Materialien ausgewählt und eingeleitet von Gisela Ullrich, Stuttgart 1995 [Klett Editionen 3537]

Gisela Ullrich: Ingeborg Drewitz: Oktoberlicht oder Ein Tag im Herbst, mit Materialien ausgewählt und eingeleitet von Gisela Ullrich, Stuttgart 1992 [Klett Editionen 35149]

Sigrid Weigel: Die Stimme der Medusa. Schreibweisen in der Gegenwartsliteratur von Frauen, Dülmen 1987

Liz Wieskerstrauch: Ingeborg Drewitz, in: dies.: Schreiben zwischen Unbehagen und Aufklärung. Literarische Porträts der Gegenwart, Weinheim, Berlin 1988, S. 157–177.